쿠버네티스 오퍼레이터

쿠버네티스 오퍼레이터

쿠버네티스에서 애플리케이션 추상화를 위한 도구

제이슨 도비스 · 조슈아 우드 지음

이상근 · 임성일 옮김

i!i
에이콘

 에이콘출판의 기틀을 마련하신 故 정완재 선생님 (1935-2004)

내 아이들인 리앤과 오스틴에게,

너희에게 "안돼, 아빠는 일을 해야 해."라고 말하는 건 결코 쉽지 않단다.

회의, 여행, 책 등 모든 것이 너희를 위한 일임을 알아다오.

어떤 미래가 너희를 기다리고 있더라도 나는 너희 등 뒤에 있을 것이고,

둘이 해나갈 멋진 일들을 기대한다.

— 제이슨

샤이나에게

— 조슈아

"쿠버네티스는 세계에서 가장 강력한 컨테이너 오케스트레이션 플랫폼으로 부상했다. 그러나 플랫폼을 구축하고 운영하는 방법을 재정의할 수 있는 확장 가능한 API 및 자동화 프레임워크의 진정한 힘은 숨겨져 있다. 이 책은 잃어버린 매뉴얼이다."

— 켈시 하이타워Kelsey Hightower / 구글 클라우드Google Cloud의 테크놀로지스트

"이 책은 쿠버네티스의 중요성을 인지한다면 (디지털) 책장에서 놓치지 않아야 할 내용이다. 실습을 통해 이유와 방법을 다루며 환경에서 오퍼레이터 패턴을 성공적으로 적용할 수 있다. 이 책은『Programming Kubernetes』의 완벽한 후속작이라고 생각한다."

— 마이클 하우젠블라스Michael Hausenblas / 아마존 웹 서비스Amazon Web Services

"이 책은 중요한 워크로드에 오퍼레이터 패러다임을 채택하려는 모든 사람에게 필수다. 설계 원칙, 구현 경로 및 트랩, 기존 생태계의 활용에 대한 포괄적인 개요를 제공한다."

— 아니쉬 아스타나Anish Asthana / 레드햇Red Hat의 소프트웨어 엔지니어

"지난 몇 년 동안 제이슨과 함께 일하는 동안 늘 그의 머릿속에 있는 지식을 덤프하고 싶었는데 드디어 갖게 됐다. 조쉬와 제이슨은 오퍼레이터를 만드는 모든 사람을 위한 필수 가이드를 만들었으며, 고객을 위한 진정한 '쿠버네티스 애플리케이션 신뢰성 엔지니어링Kubernetes

Application Reliability Engineering' 기능을 목표로 오퍼레이터를 오토 파일럿 단계로 발전시키는 데 큰 도움이 될 것이다."

— 데이브 모이러^{Dave Meurer} / 시놉시스 주식회사^{Synopsys, Inc.}의 기술 제휴 파트너

"쿠버네티스 오퍼레이터를 위한 시장 최고의 데이터를 제공하는, 조쉬와 제이슨의 또 다른 훌륭한 책이다."

— 조 고메스^{Joe Gomes} / 시놉시스 주식회사의 제휴 파트너

제이슨 도비스^{Jason Dobies}

레드햇의 디벨로퍼 애드보케이트^{developer advocate}다. 약 20년 동안 소프트웨어 산업에서 일하면서 파이썬, 자바, 고^{Go}를 포함한 다양한 언어로 개발했다. 엔지니어로서의 경력 외에도 빌라노바대학교^{Villanova University}의 겸임 교수로 재직 중이며, 소프트웨어 공학 및 졸업 프로젝트를 지도하고 있다. 컴퓨터 앞에 앉아 있지 않을 때는 아내와 두 자녀와 함께 시간을 보내고 비디오 게임과 운동을 즐긴다.

조슈아 우드^{Joshua Wood}

레드햇의 디벨로퍼 애드보케이트로, 오픈소스 소프트웨어를 사용해 유틸리티 컴퓨팅을 구축하기 위해 경력을 쌓았다. 빠른 차, 느린 배, 짧은 자서전을 좋아한다.

옮긴이 소개

이상근(brad@lambdalabs.io)

숭실대학교에서 컴퓨터학을 전공하고, 동대학 대학원에서 공학박사 학위를 받았다. 세부 전공은 분산처리이며, 주로 분산 컴퓨팅 아키텍처와 워크플로우 엔진을 연구했다. 학업을 마치고 개발자로 10년 이상 다양한 경력을 쌓았으며 엔터프라이즈 잡 스케줄러, 렌더팜 관리 시스템, 클라우드 데이터베이스 프로비저닝 서비스, 빅데이터 관련 시스템, 클라이언트 사이드 로드 밸런싱 등 다양한 개발 경험을 해왔다. 최근에는 마이크로서비스 아키텍처와 서비스 메시가 가져올 IT 시스템의 큰 변화에 주목하고 있으며, 애플리케이션 아키텍트로 일하고 있다.

번역서로 『엔터프라이즈 환경을 위한 마이크로서비스』(에이콘, 2020), 『이스티오 첫걸음』(에이콘, 2020)이 있다.

이 책의 1~6장 번역을 담당했다.

임성일(usnexp@gmail.com)

한국과학기술원에서 공학석사 학위를 받았다. 세부 전공은 데이터베이스이며, 상황인지 및 이동성 지원을 연구했다. 2010년 클라우드 태동기부터 퍼블릭/프라이빗 클라우드 환경 지원을 위한 다양한 서비스를 개발했고 현재 SKT의 Cloud Labs에서 TACO[SKT All Container Orchestrator] 개발에 참여하고 있다. TACO의 LMA[Logging/Montoring/Alerting]를 총괄하고 있으며 이에 따라 관련된 소프트웨어들의 진화, 발전을 관찰하며 배포 및 운영 지원을 위한 개발 툴로 오퍼레이터들을 개발해 적용하고 있다. 또한 Openstack, fluent 등 오픈소스의 업스트림 개발자로 활동하고 있다.

이 책의 7장 이후 번역을 담당했다.

클라우드 환경을 구성하는 컨테이너는 사용자가 개발한 HTTP 서비스일 수도 있고 데이터베이스 서버일 수도 있으며 NoSQL 서버나 캐시 서버일 수도 있다. 쿠버네티스는 기본적으로 이런 것들을 모두 동일하게 파드와 배포, 서비스 수준에서 표현하며 개발과 배포, 운영역시 이러한 수준에서 이뤄진다.

쿠버네티스는 컨테이너를 기반으로 클라우드 환경에 최적화된 애플리케이션을 개발할 수 있는 훌륭한 토대를 제공하지만, 필요한 모든 것을 제공해주지는 못한다. 이에 CR을 통한 확장가능한 구조를 제공하며, 쿠버네티스 오퍼레이터는 이러한 확장을 자동화하는 데 사용할 수있다. 애플리케이션별 배포 및 운영에 필요한 내용은 오퍼레이터가 자동으로 처리하므로 사용자는 하부 내용의 변화에 관계없이 쿠버네티스의 표준 리소스 관리 방식을 그대로 사용할수 있다.

만약 쿠버네티스를 확장해 데이터베이스 서버, 캐시 서버 등 좀 더 상위 수준의 리소스를 쿠버네티스의 기본 단위로 다룰 수 있다면 어떻게 될까? 설정 및 운영이 단순해지며, 좀 더 직관적이고 고수준으로 클라우드 애플리케이션을 다룰 수 있을 것이다. 이러한 성공적인 사례로 이스티오 등의 서비스 메시 구현과 API 게이트웨이 등의 쿠버네티스 통합 사례가 존재한다. 또한 카프카, 레디스, 각종 관계형 데이터베이스 및 NoSQL 등이 쿠버네티스 오퍼레이터를 구현하고 발전시키면서 이러한 목표를 향해 나아가고 있다.

이 책은 분량이 적고 필요한 모든 것을 다루고 있지는 못하지만, 쿠버네티스 오퍼레이터를통해 쿠버네티스를 실제로 확장할 수 있는 좋은 시작점이 될 수 있을 것이다. 또한 오퍼레이터를 직접 구현하지 않더라도 쿠버네티스 내부를 좀 더 잘 이해하는 데도 도움이 될 것이다.

차례

이 책에 쏟아진 찬사 7

지은이 소개 9

옮긴이 소개 10

옮긴이의 말 11

들어가며 18

1장   오퍼레이터가 쿠버네티스에 제공하는 새로운 트릭   25

쿠버네티스 작동 방식 26

예: 상태 비저장 웹 서버 28

상태 저장은 어렵다 29

오퍼레이터는 소프트웨어 SRE다 30

오퍼레이터 작동 방식 30

　　쿠버네티스 CR 31

오퍼레이터는 어떻게 만들어지는가? 32

예: etcd 오퍼레이터 32

　　사라진 멤버의 경우 33

오퍼레이터는 누구를 위한 것인가? 34

　　오퍼레이터 채택 34

출발하자! 35

2장   오퍼레이터 실행   37

오퍼레이터 실험 환경 구성 37

　　클러스터 버전 요구사항 38

인가 요구사항 39

표준 도구 및 기술 40

권장 클러스터 구성 40

클러스터 버전 확인 42

단순 오퍼레이터 실행 42

일반적인 시작점 43

etcd 오퍼레이터 매니페스트 가져오기 43

CR: 사용자 정의 API 엔드포인트 44

나는 누구인가: 오퍼레이터 서비스 계정 정의 45

etcd 오퍼레이터 배포 48

etcd 클러스터 선언 50

etcd 실습 52

etcd 클러스터 확장 53

장애 및 자동화된 복구 54

etcd 클러스터 업그레이드 56

정리 59

요약 60

3장   쿠버네티스 인터페이스의 오퍼레이터   61

표준 확장: ReplicaSet 리소스 61

사용자 정의 리소스 63

CR 또는 ConfigMap? 63

사용자 정의 컨트롤러 64

오퍼레이터 범위 64

네임스페이스 범위 65

클러스터 범위 오퍼레이터 65

권한 부여 65

서비스 계정 66

역할 66

RoleBinding 67

ClusterRole 및 ClusterRoleBinding 67

요약 68

4장	오퍼레이터 프레임워크	69

오퍼레이터 프레임워크의 기원 70

오퍼레이터 성숙도 모델 70

오퍼레이터 SDK 71

오퍼레이터 SDK 도구 설치 71

오퍼레이터 라이프사이클 매니저 73

오퍼레이터 미터링 74

요약 75

5장	샘플 애플리케이션: 방문자 사이트	77

애플리케이션 개요 78

매니페스트를 사용한 설치 79

MySQL 배포 80

백엔드 83

프론트엔드 86

매니페스트 배포 87

방문자 사이트에 접근 88

정리 89

요약 89

6장	어댑터 오퍼레이터	91

Helm 오퍼레이터 93

오퍼레이터 구축 94

CRD에 대한 설명 99

오퍼레이터 권한 검토 99

Helm 오퍼레이터 실행 99

Ansible 오퍼레이터 101

오퍼레이터 구축 101

CRD에 대한 설명 104

오퍼레이터 권한 검토 104

Ansible 오퍼레이터 실행 104

오퍼레이터 테스트 106

요약 107

관련 리소스 107

7장   오퍼레이터 SDK를 사용해 Go로 만드는 오퍼레이터 109

오퍼레이터 초기화 110

오퍼레이터의 리소스 관리 범위 111

사용자 정의 리소스 정의 113

Go 타입 정의 114

CRD 매니페스트 116

오퍼레이터 권한 117

컨트롤러 117

Reconcile 함수 119

오퍼레이터 작성 팁 121

리소스 검색 121

자식 리소스 생성 122

자식 리소스 삭제 126

자식 리소스 명명법 128

멱등성 128

오퍼레이터 영향도 130

로컬에서 오퍼레이터 실행하기 130

방문자 사이트 예제 132

요약 133

관련 리소스 134

8장   오퍼레이터 라이프사이클 매니저 135

OLM 사용자 정의 리소스 136

ClusterServiceVersion 136

CatalogSource 137

구독 137

InstallPlan 138

OperatorGroup 138

OLM 설치하기 139

OLM 사용하기 142

오퍼레이터 둘러보기 147

오퍼레이터 삭제하기 149

OLM 번들 메타데이터 파일 150

CRD 151

클러스터 서비스 버전 파일 151

패키지 매니페스트 파일 152

클러스터 서비스 버전 파일 작성하기 152

파일 스켈레톤 생성하기 152

메타데이터 154

소유 CRD 156

필수 CRD 160

설치 모드 161

버전 관리 및 업데이트 162

패키지 매니페스트 파일 작성하기 163

로컬 환경에서 실행하기 164

전제 조건 164

OLM 번들 만들기 169

OLM을 통한 오퍼레이터 설치 172

실행 중인 오퍼레이터 테스트하기 174

방문자 사이트 오퍼레이터 예제 174

요약 175

관련 리소스 175

9장   오퍼레이터 철학 177

모든 애플리케이션에 대한 SRE 177

수고하지 말아라 178

자동화 가능한 것: 당신의 컴퓨터가 할 작업 179

제자리 달리기: 지속적인 가치가 없는 일 179

고통의 증가: 시스템과 함께 확장되는 작업 179

오퍼레이터: 쿠버네티스 애플리케이션 신뢰성 엔지니어링 181

애플리케이션 상태 관리 181

소프트웨어로 전송되는 골든 시그널 182

매우 성공적인 오퍼레이터의 7가지 습관 184

요약 186

10장   참여하기   **187**

기능 요청과 버그 리포트 188

기여하기 189

오퍼레이터 공유하기 189

요약 190

부록 A   클러스터 내부에 디플로이먼트로 오퍼레이터 실행하기   **191**

부록 B   CR 검증   **193**

부록 C   역할 기반 접근 제어(RBAC)   **197**

찾아보기 201

들어가며

쿠버네티스는 널리 사용되는 컨테이너 오케스트레이터다. 또한 많은 컴퓨터를 하나의 큰 컴퓨팅 리소스로 통합해서 활용하고 쿠버네티스 API^{application programming interface}를 통해 해당 리소스를 처리하는 수단을 제공한다. 쿠버네티스는 구글에서 시작한 오픈소스 소프트웨어로, 지난 5년 동안 CNCF^{Cloud Native Computing Foundation}(https://www.cncf.io/)의 후원하에 대규모 공동 작업자 그룹이 개발한 오픈소스 소프트웨어다.

오퍼레이터는 쿠버네티스를 확장해 특정 애플리케이션의 전체 라이프사이클 관리를 자동화한다. 오퍼레이터는 쿠버네티스에서 애플리케이션을 배포하기 위한 패키징 메커니즘의 역할을 하며 배포한 소프트웨어를 모니터링, 유지 관리, 복구 및 업그레이드한다.

이 책의 대상 독자

쿠버네티스 클러스터에 애플리케이션을 배포해봤다면 오퍼레이터 패턴이 등장하게 된 몇 가지 도전과 열망들이 친숙하게 다가올 것이다. 데이터베이스 및 파일 시스템 같은 기본 서비스를 오케스트레이션된 클러스터 외부의 자체 빈민가에서 유지 관리하고 있으며 이를 오케스트레이션된 클러스터 인근으로 가져오고 싶다면 쿠버네티스 오퍼레이터에 대한 이 안내서가 적합하다.

배우게 될 내용

오퍼레이터가 무엇인지와 오퍼레이터가 쿠버네티스 API를 확장하는 방법을 설명한다. 기존 오퍼레이터를 배포 및 사용하는 방법과 레드햇 오퍼레이터 프레임워크^{Red Hat Operator Framework}(https://github.com/operator-framework)를 사용해 애플리케이션에 오퍼레이터를 작성 및 분배하는 방법을 보여준다. 이것은 오퍼레이터를 설계, 구축, 배포하기 위한 모범 사례와 연관되어 있으며, SRE^{Site Reliability Engineering} 원칙을 사용해 오퍼레이터에 생명을 불어넣는다는 생각을 설명한다.

1장에서 오퍼레이터와 개념을 설명한 후, 책의 나머지 부분에서 실습을 수행할 수 있는 쿠버네티스 클러스터에 접근하는 방법을 제안한다. 클러스터가 실행되면 오퍼레이터를 배포하고 애플리케이션이 실패하거나 확장되거나 새 버전으로 업그레이드될 때의 동작을 관찰할 수 있다.

나중에 오퍼레이터 SDK를 살펴보고 이를 사용해 오퍼레이터를 구축하여 예제 애플리케이션을 쿠버네티스 일등 시민으로 귀화시키는 방법을 보여준다. 이러한 실질적인 토대를 마련하여 오퍼레이터가 도출한 SRE 아이디어와 이들이 공유하는 목표, 즉 운영 노력과 비용 절감, 서비스 안정성 향상 및 반복적인 유지 보수 작업에서 팀을 해방시켜 혁신을 유발하는 주제에 대해 논의할 것이다.

오퍼레이터 프레임워크 및 SDK

오퍼레이터 패턴은 쿠버네티스 자체 및 중심부의 etcd(https://github.com/coreos/etcd) 키-값 저장소를 포함하여 쿠버네티스 클러스터에서 점점 더 복잡한 애플리케이션을 자동화하는 방법으로 코어OS(https://coreos.com)에서 개발했다. 오퍼레이터에 대한 작업은 레드햇의 인수를 통해 계속 진행되어 2018 릴리스의 오픈소스 오퍼레이터 프레임워크 및 SDK가 출시됐다. 이 책의 예제는 레드햇 오퍼레이터 SDK와 이를 오퍼레이터 프레임워크에서 결합하는 배포 메커니즘을 사용한다.

그 밖의 오퍼레이터 도구

오퍼레이터 커뮤니티는 오퍼레이터 주위에서 성장해왔으며, 레드햇의 유통 경로에서만 이용할 수 있는 많은 공급업체의 애플리케이션과 프로젝트를 위한 100개 이상의 오퍼레이터가 존재한다. 그 외에도 여러 오퍼레이터 구성 도구가 존재한다. 자세한 내용은 다루지 않겠지만 이 책을 읽은 후 다른 오퍼레이터 SDK 및 프레임워크들과 비교해볼 수 있다. 오퍼레이터 구축에 사용할 수 있는 그 밖의 오픈소스 도구로는 파이썬용 Kopf(https://oreil.ly/JCL-S), 쿠버네티스 프로젝트의 Kubebuilder(https://oreil.ly/8zdbj) 및 자바 오퍼레이터 SDK(https://oreil.ly/yXhVg)가 있다.

편집 규약

이 책에서는 정보의 유형에 따라서 텍스트의 스타일이 바뀐다. 각 스타일은 다음과 같은 의미를 지닌다.

문장 속에서 코드는 다음과 같이 표기한다.

"kubectl create를 사용해 서비스 계정을 만든다."

코드 블록은 다음과 같이 표기한다.

```
apiVersion: etcd.database.coreos.com/v1beta2
kind: EtcdCluster
metadata:
  name: example-etcd-cluster
spec:
  size: 3
  version: 3.1.10
```

모든 명령행 입출력은 다음과 같이 기술한다.

```
$ kubectl create -f etcd-operator-deployment.yaml
deployment.apps/etcd-operator created
$ kubectl get deployments
NAME            DESIRED  CURRENT  UP-TO-DATE  AVAILABLE  AGE
etcd-operator   1        1        1           1          19s
```

 팁이나 제안을 나타낸다.

 일반적인 참고사항을 나타낸다.

 주의사항이나 경고를 나타낸다.

예제 코드 사용

예제 코드, 실습과 같은 보충 자료는 에이콘출판사의 도서정보 페이지 http://www.acornpub.co.kr/book/kubernetes-operators에서 다운로드할 수 있다. 또한 https://github.com/kubernetes-operators-book/에서도 동일한 파일을 다운로드할 수 있다.

저작권 침해

이 책은 독자들의 실제 업무를 돕기 위해 집필됐다. 따라서 코드의 중요한 부분을 수정하지 않는다면, 이 책에서 전반적으로 사용된 코드는 별도의 허가 없이 여러분의 프로그램이나 문서에 사용할 수 있다. 예를 들어, 이 책에 사용된 여러 코드 조각들을 모아서 새로운 프로그램을 작성할 때도 별도의 허가를 받을 필요는 없다. 그러나 오라일리$^{O'Reilly}$ 서적의 예제 CD-ROM의 판매 또는 배포에는 허가가 필요하다. 이 책의 내용과 코드를 인용해 질의 응답에 사용할 경우에도 별도의 허가는 필요 없다. 하지만 이 책에 사용된 코드의 상당 부분을 여러분의 제품 문서에 포함하는 행위는 허가를 받아야 한다. 출처를 밝혀주면 고맙겠지만 반드시 그럴 의무는 없다. 출처를 삽입할 때는 일반적으로 제목, 저자, 출판사, ISBN을 포함하는 것이 좋다. 예를 들면 다음과 같다. "Kubernetes Operators by Jason Dobies and Joshua Wood(O'Reilly). Copyright 2020 Red Hat, Inc., 978-1-492-04804-6."

만약 이 책의 내용을 사용하는 데 있어서 공정한 사용이나 허가 범위를 넘어서는지 우려될 경우에는 permissions@oreilly.com에 문의하면 도움을 받을 수 있다.

오탈자

내용을 정확하게 전달하려고 최선을 다했지만, 실수가 있을 수 있다. 책에서 텍스트나 코드 상의 문제를 발견해서 알려준다면, 매우 감사하게 생각할 것이다. 이 참여를 통해 다른 독자에게 도움을 주고, 다음 버전에서 책을 더 완성도 있게 만들 수 있다. 오자를 발견한다면 http://www.acornpub.co.kr/contact/errata에서 구체적인 내용을 알려주기 바란다. 보내준 내용이 확인되면 해당 서적의 정오표에 그 내용이 추가될 것이다. 한국어판의 정오표는 에이콘출판사의 도서정보 페이지 http://www.acornpub.co.kr/book/kubernetes-operators에서 찾아볼 수 있다.

질문

이 책에 관한 질문은 옮긴이나 에이콘출판사 편집 팀(editor@acornpub.co.kr)으로 문의할 수 있다.

감사의 글

레드햇과 오픈시프트 애드버커시^{OpenShift Advocacy} 팀의 지원, 특히 라이언 자비넨의 꾸준하고 전폭적인 지원에 감사드린다. 또한 아니쉬 아스타나, 에반 코델, 마이클 개쉬, 마이클 하우젠블라스, 숀 헐리, 제스 메일스 등 이 작업을 좀 더 일관성 있고 완벽하게 수행할 수 있도록 검토하고 확인하고 제안해준 많은 분들께 감사드린다.

오퍼레이터가 쿠버네티스에
제공하는 새로운 트릭

오퍼레이터^{Operator}는 쿠버네티스 애플리케이션을 패키징하고, 실행 및 유지 관리하는 수단이다. 쿠버네티스 애플리케이션은 쿠버네티스에 배포되고 쿠버네티스 설비 및 도구와 함께 사용되고 작동하도록 설계된다.

오퍼레이터는 쿠버네티스 추상화를 통해 관리 대상 소프트웨어의 전체 라이프사이클을 자동화한다. 오퍼레이터는 쿠버네티스를 확장하고, 점점 늘어나는 커뮤니티에 친숙한 용어 및 개념들을 적용해 애플리케이션별 자동화를 제공한다. 애플리케이션 프로그래머는 오퍼레이터를 통해 앱이 의존하는 기초 서비스를 좀 더 쉽게 배포하고 실행할 수 있다. 오퍼레이터는 인프라 엔지니어와 공급자를 위해 쿠버네티스 클러스터에 소프트웨어를 배포하는 일관된 방법을 제공하고 호출기^{pager}에서 경고음이 울리기 전에 애플리케이션 문제를 식별하고 수정해 지원 부담을 줄인다.

오퍼레이터가 이러한 작업을 수행하는 방법을 설명하기 전에 몇 가지 쿠버네티스 용어를 정의해, 오퍼레이터 개념 및 구성요소를 설명하기 위한 컨텍스트 및 공유 언어를 제공하자.

쿠버네티스 작동 방식

쿠버네티스는 정적 웹 서버와 같은 상태 비저장 애플리케이션의 라이프사이클을 자동화한다. 상태가 없으면 애플리케이션의 모든 인스턴스를 상호 교환할 수 있다. 이러한 간단한 웹 서버는 파일을 검색해 방문자의 브라우저로 보낸다. 서버가 상태를 추적하지 않거나, 모든 종류의 입력 또는 데이터를 저장하지 않으므로 한 서버 인스턴스가 실패하면 쿠버네티스가 다른 서버 인스턴스로 쉽게 교체할 수 있다. 쿠버네티스는 각각 클러스터에서 실행 중인 애플리케이션의 복사본 인스턴스를 **복제**replica라고 한다.

쿠버네티스 클러스터는 **노드**node라고 하는 컴퓨터의 모음이다. 모든 클러스터 작업은 하나, 일부 또는 모든 클러스터 노드에서 실행된다. 기본 작업 및 복제의 단위는 **파드**pod다. 파드는 네트워킹, 스토리지 및 공유 메모리 접근 같은 공통 리소스를 갖는 하나 이상의 리눅스 컨테이너들로 이뤄진 그룹이다.

쿠버네티스 파드 문서(https://oreil.ly/ziz5q)는 파드 추상화에 대한 자세한 정보를 제공하는 좋은 출발점이다.

상위 수준에서 보면, 쿠버네티스 클러스터는 두 플레인으로 나뉜다. **컨트롤 플레인**control plane은 간단히 말해 쿠버네티스 자체다. 컨트롤 플레인은 파드 모음으로 구성되며, 쿠버네티스 API application programming interface 및 클러스터 오케스트레이션 로직을 구현한다.

애플리케이션 플레인application plane 또는 **데이터 플레인**data plane은 그 밖의 모든 것이다. 데이터 플레인은 애플리케이션 파드가 실행되는 노드 그룹이다. 하나 이상의 노드는 일반적으로 애플리케이션 실행 전용이며, 하나 이상의 노드는 종종 컨트롤 플레인만 실행하도록 격리된다. 애플리케이션 파드와 마찬가지로, 여러 컨트롤 플레인 구성요소들의 복제가 여러 컨트롤러 노드에서 실행되어 중복성redundancy을 제공할 수 있다.

컨트롤 플레인의 **컨트롤러**controller는 원하는 클러스터 상태를 실제 상태와 반복적으로 비교하는 제어 루프를 구현한다. 두 가지가 달라지면 컨트롤러가 그것들이 일치하도록 조치를 취하고 오퍼레이터는 이러한 동작을 확장한다. 그림 1-1의 회로도는 작업자 노드가 애플리케이션 워크로드를 실행하는 데 사용되는 주요 컨트롤 플레인 구성요소를 보여준다.

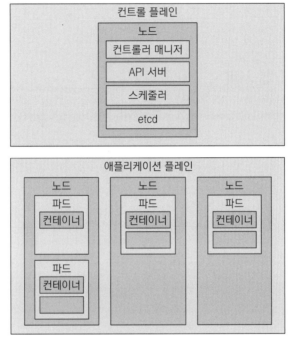

그림 1-1 쿠버네티스 컨트롤 플레인 및 작업자 노드

컨트롤 플레인과 애플리케이션 플레인 간의 엄격한 구분은 편리한 정신 모델^{mental model}이면서 쿠버네티스 클러스터를 배포해 워크로드를 분리하는 일반적인 방법이지만, 컨트롤 플레인 구성요소 역시 다른 애플리케이션과 마찬가지로 노드에서 실행되는 파드 모음이다. 소규모 클러스터에서 컨트롤 플레인 구성요소는 종종 애플리케이션 워크로드와 동일한 노드를 공유한다.

노드를 공유하는 경우, 경계선이 명확한 컨트롤 플레인의 개념 모델^{conceptual model}도 그다지 명확하지 않다. 예를 들어, 모든 노드에서 실행되는 kubelet 에이전트는 컨트롤 플레인의 일부다. 마찬가지로, 오퍼레이터는 일반적으로 컨트롤 플레인 구성요소로 간주되는 컨트롤러 타입이다. 그러나 오퍼레이터가 플레인 사이의 경계를 흐리게 할 수 있다. 컨트롤 및 애플리케이션 플레인을 서로 격리된 도메인으로 처리하는 것은 절대적인 진리가 아니며, 추상화를 단순화하는 데 도움이 될 뿐이다.

예: 상태 비저장 웹 서버

아직 클러스터를 구성하지 않았으므로, 1장의 예제는 터미널에서 발췌한 쿠버네티스와 애플리케이션 간 기본 상호작용을 보여주는 '스크린샷'과 유사하다. 이 책의 나머지 부분에서처럼 이러한 명령을 실행하지 않아도 된다. 이 첫 번째 예에서 쿠버네티스는 비교적 간단한 애플리케이션을 관리하며 오퍼레이터가 관여하지 않는다.

상태 비저장 정적 웹 서버의 단일 복제를 실행하는 클러스터를 가정하자.

```
$ kubectl get pods
NAME                      READY   STATUS    RESTARTS   AGE

staticweb-69ccd6d6c-9mr8l   1/1     Running   0          23s
```

아래와 같이 3개의 복제가 필요하다고 선언하면 클러스터의 실제 상태가 원하는 상태와 다르므로, 쿠버네티스가 2개의 웹 서버 인스턴스를 시작해 두 인스턴스를 조정하여 웹 서버 디플로이먼트^{deployment}를 확장한다.

```
$ kubectl scale deployment staticweb --replicas=3
$ kubectl get pods
NAME                      READY   STATUS    RESTARTS   AGE
staticweb-69ccd6d6c-4tdhk   1/1     Running   0          6s
staticweb-69ccd6d6c-9mr8l   1/1     Running   0          100s
staticweb-69ccd6d6c-m9qc7   1/1     Running   0          6s
```

웹 서버 파드 중 하나를 삭제하면 컨트롤 플레인에서 3개의 복제로 정의된 원하는 상태를
복원하기 위한 작업이 시작된다. 쿠버네티스가 새로운 파드를 시작해 삭제된 파드를 교체
한다. 이 발췌 부분에서 교체 파드는 ContainerCreating^{컨테이너 생성 중} 상태로 표시된다.

```
$ kubectl delete pod staticweb-69ccd6d6c-9mr8l
$ kubectl get pods
NAME                         READY   STATUS              RESTARTS   AGE
staticweb-69ccd6d6c-4tdhk    1/1     Running             0          2m8s
staticweb-69ccd6d6c-bk27p    0/1     ContainerCreating   0          14s
staticweb-69ccd6d6c-m9qc7    1/1     Running             0          2m8s
```

이 정적 사이트의 웹 서버는 다른 복제 중 어떤 것이라도 하나를 새 파드로 대체할 수 있다.
이 웹 서버는 어떤 식으로든 데이터를 저장하거나 상태를 유지하지 않는다. 쿠버네티스에서
는 실패한 파드를 교체하거나 서버의 복제를 추가/제거하여 애플리케이션을 확장하기 위해
특별한 조치를 취할 필요가 없다.

상태 저장은 어렵다

대부분의 애플리케이션은 상태를 갖는다. 애플리케이션에는 시작, 구성요소 상호 종속성 및
구성^{configuration}에 대한 세부 사항도 존재한다. 애플리케이션들은 종종 '클러스터^{cluster}'의 의미
에 대한 자체 개념을 갖고 있다. 애플리케이션들은 (때로는 대량의) 중요한 데이터를 안정적으
로 저장해야 한다. 이러한 세 가지(세부 사항들, 자체적인 클러스터 개념들, 데이터의 안정적 저장)는
실제 애플리케이션이 유지해야 하는 여러 차원의 상태 중 일부에 불과하다. 복잡한 스토리
지, 네트워킹 및 클러스터 연결 요구사항을 자동화하면서 균일한 메커니즘으로 이러한 애플
리케이션을 관리하는 것이 이상적이다.

쿠버네티스가 모든 상태 저장, 복잡한 클러스터 애플리케이션에 대한 정보를 모두 알 수는
없지만, 일반적이고 적응성 있으며 단순하다. 대신 쿠버네티스는 스케줄링, 복제 및 페일오

버^{failover} 자동화의 기본 애플리케이션 개념을 다루면서 좀 더 고급 또는 애플리케이션별 작업을 위한 명확한 확장 메커니즘을 제공하는 유연한 추상화 집합을 제공하는 것을 목표로 한다. 쿠버네티스는 그 자체로 PostgreSQL 데이터베이스 클러스터의 구성값과 정렬된 멤버십 및 상태 저장, 영구 스토리지의 구성값을 알지 못하며 알아서도 안 된다.

오퍼레이터는 소프트웨어 SRE다

사이트 신뢰성 엔지니어링^{SRE, Site Reliability Engineering}은 대규모 시스템을 실행하기 위한 일련의 패턴과 원칙이다. 구글에서 시작된 SRE는 업계 관행에 뚜렷한 영향을 미쳤다. 실무자는 SRE 철학을 특정 상황에 맞게 해석하고 적용해야 하지만, 소프트웨어 실행을 위해서는 소프트웨어를 작성해 시스템 관리를 자동화하는 일이 가장 중요하다. 반복적인 유지 보수 작업에서 해방된 팀은 새로운 기능 작성, 버그 수정 등을 통해 일반적으로 제품을 개선할 시간이 더 많다.

오퍼레이터는 애플리케이션에 대한 자동화된 사이트 신뢰성 엔지니어^{Site Reliability Engineer}와 같다. 오퍼레이터는 소프트웨어에서 전문 관리자의 기술을 인코딩한다. 오퍼레이터는 예를 들어 데이터베이스 서버 클러스터를 관리할 수 있다. 오퍼레이터는 애플리케이션 구성 및 관리에 대한 세부 사항을 알고 있으며, 선언된 소프트웨어 버전 및 인스턴스 수로 데이터베이스 클러스터를 설치할 수 있다. 오퍼레이터는 애플리케이션이 실행될 때 지속적으로 모니터링하며 데이터를 백업하고 장애를 복구하며 시간이 지남에 따라 애플리케이션을 자동으로 업그레이드할 수 있다. 오퍼레이터가 쿠버네티스를 확장하기 때문에 클러스터 사용자는 kubectl 및 기타 표준 도구를 사용해 운영자 및 그들이 관리하는 애플리케이션과 상호작용할 수 있다.

오퍼레이터 작동 방식

오퍼레이터는 쿠버네티스 컨트롤 플레인 및 API를 확장해 동작한다. 가장 간단한 형태는 오퍼레이터가 **사용자 지정 리소스**^{CR, custom resource}로 불리는 쿠버네티스 API 엔드포인트 및 새로운 타입의 리소스를 모니터링하고 유지 관리할 컨트롤 플레인 구성요소를 쿠버네티스에 추가하는 것이다. 이 오퍼레이터는 리소스 상태에 따라 조치를 취할 수 있는데, 이 내용은 그림 1-2에서 설명된다.

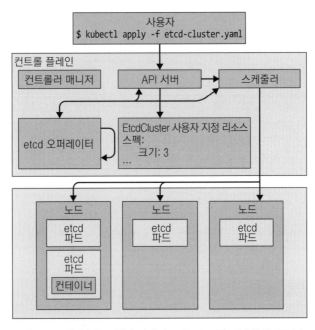

그림 1-2 오퍼레이터는 사용자 지정 리소스를 보고 있는 맞춤형 컨트롤러다.

쿠버네티스 CR

CR은 쿠버네티스의 API 확장 메커니즘이다. **CRD**^{custom resource definition}는 CR을 정의하며, CRD는 CR 데이터의 스키마와 유사하다. 공식 API의 멤버와 달리 특정 CRD는 모든 쿠버네티스 클러스터에 존재하지는 않고, CRD는 CRD가 정의된 특정 클러스터의 API를 확장한다. CR은 구조화된 데이터를 읽고 쓸 수 있는 엔드포인트를 제공한다. 클러스터 사용자는 다른 API 리소스와 마찬가지로 kubectl 또는 다른 쿠버네티스 클라이언트로 CR과 상호작용할 수 있다.

오퍼레이터는 어떻게 만들어지는가?

쿠버네티스는 일련의 리소스들을 클러스터의 실행 상태인 현실과 비교한 후 현실이 그러한 리소스들에 의해 묘사된 원하는 상태와 일치하도록 조치를 취한다. 오퍼레이터는 해당 패턴을 특정 클러스터의 특정 애플리케이션으로 확장한다. 오퍼레이터는 특정 CR 타입을 감시하고 애플리케이션별 조치를 취해 해당 리소스의 스펙과 일치하게 하는 사용자 정의 쿠버네티스 컨트롤러다.

오퍼레이터를 만든다는 건, CRD를 작성하고 해당 종류의 CR을 모니터링하는 루프를 실행하는 프로그램을 제공한다는 뜻이다. 오퍼레이터가 CR의 변경에 응답해 행하는 작업은 오퍼레이터가 관리하는 애플리케이션에 따라 다르다. 오퍼레이터가 수행하는 작업은 복잡한 애플리케이션 확장, 애플리케이션 버전 업그레이드 또는 특수한 하드웨어를 가진 계산 클러스터 노드에 대한 커널 모듈 관리 등 거의 모든 것을 포함할 수 있다.

예: etcd 오퍼레이터

etcd는 분산 키-값 저장소다. 다시 말해, 일종의 가벼운 데이터베이스 클러스터다. etcd 클러스터는 일반적으로 지식이 풍부한 관리자가 관리해야 한다. etcd 관리자는 다음을 수행하는 방법을 알아야 한다.

- 엔드포인트 구성, 영구 스토리지 연결 및 기존 멤버가 새로운 노드를 인식 가능하게 하는 작업 등을 수행해 새 노드를 etcd 클러스터에 가입시킨다.
- etcd 클러스터 데이터 및 구성을 백업한다.
- etcd 클러스터를 새로운 etcd 버전으로 업그레이드한다.

etcd 오퍼레이터는 이러한 작업을 수행하는 방법을 알고 있다. 오퍼레이터는 애플리케이션 내부 상태를 알고 있으며, 해당 상태를 하나 이상의 사용자 지정 리소스 스펙에 표시된 원하는 상태에 맞추기 위해 정기적인 조치를 취한다.

앞의 예처럼 다음에 나오는 셸 발췌는 예시적인 것이며, 사전 설정 없이는 실행할 수 없다. 2장에서 이러한 설정을 수행하고 오퍼레이터를 실행하는 방법을 다룬다.

사라진 멤버의 경우

etcd 오퍼레이터는 etcd의 상태를 이해하므로, 쿠버네티스가 이전 예에서 삭제된 상태 비저장 웹 서버 파드를 교체한 것과 동일한 방식으로 etcd 클러스터 멤버의 장애를 복구할 수 있다. etcd 오퍼레이터가 관리하는 3개의 멤버로 구성된 etcd 클러스터가 있다고 가정하자. 오퍼레이터 자체 및 etcd 클러스터 멤버는 파드로 실행된다.

```
$ kubectl get pods
NAME                                READY    STATUS     RESTARTS    AGE
etcd-operator-6f44498865-lv7b9      1/1      Running    0           1h
example-etcd-cluster-cpnwr62qgl     1/1      Running    0           1h
example-etcd-cluster-fff78tmpxr     1/1      Running    0           1h
example-etcd-cluster-lrlk7xwb2k     1/1      Running    0           1h
```

etcd 파드를 삭제하면 조정^{reconciliation}이 트리거되며, etcd 오퍼레이터는 (쿠버네티스 단독으로는 할 수 없는) 3개의 복제를 원하는 상태로 복구하는 방법을 알고 있다. 그러나 상태 비저장 웹 서버의 백지 상태의 재시작과는 다르게, etcd 오퍼레이터가 새로운 etcd 파드의 클러스터 멤버십을 조정한 후 기존 엔드포인트에 맞게 구성한 다음 나머지 etcd 멤버와 함께 통합해야 한다.

```
$ kubectl delete pod example-etcd-cluster-cpnwr62qgl
$ kubectl get pods
NAME                                READY    STATUS          RESTARTS    AGE
etcd-operator-6f44498865-lv7b9      1/1      Running         0           1h
example-etcd-cluster-fff78tmpxr     1/1      Running         0           1h
example-etcd-cluster-lrlk7xwb2k     1/1      Running         0           1h
example-etcd-cluster-r6cb8g2qqw     0/1      PodInitializing 0           4s  ❶
```

❶ 교체 파드가 PodInitializing^{파드 초기화 중} 상태다.

오퍼레이터가 etcd 클러스터를 복구할 때, 클라이언트는 etcd API를 계속 사용할 수 있다. 2장에서는 etcd 오퍼레이터를 배포하고, etcd API를 사용해 데이터를 읽고 쓰는 방법을 보여준다. 지금은 실행 중인 etcd 클러스터에 멤버를 추가하는 것이 새로운 etcd 파드를 실행하는 것만큼 간단하지 않으며, etcd 오퍼레이터는 이러한 복잡성을 숨기고 etcd 클러스터를 자동으로 복구한다.

오퍼레이터는 누구를 위한 것인가?

오퍼레이터 패턴은 쿠버네티스를 확장해 사이트 및 소프트웨어에 고유한 기능을 제공하려는 인프라 엔지니어 및 개발자의 요구에 대한 응답으로 등장했다. 오퍼레이터는 관리 오버헤드가 적은 데이터베이스 및 스토리지 시스템 같은 기초 소프트웨어를 클러스터 관리자가 더 쉽게 활성화하게 하고, 개발자가 더 쉽게 사용할 수 있게 한다. 애플리케이션의 백엔드에 완벽한 'killernewdb' 데이터베이스 서버를 오퍼레이터가 관리할 경우, 전문 killernewdb DBA가 되지 않고도 killernewdb를 배포할 수 있다.

애플리케이션 개발자는 오퍼레이터를 구축해 제공하는 애플리케이션을 관리함으로써 고객의 쿠버네티스 클러스터에서의 배포 및 관리 경험을 단순화한다. 인프라 엔지니어는 오퍼레이터를 만들어 배포된 서비스 및 시스템을 제어한다.

오퍼레이터 채택

다양한 개발자와 회사가 오퍼레이터 패턴을 채택했으며, 주요 서비스를 애플리케이션의 한 구성요소로 쉽게 사용할 수 있게 하는 오퍼레이터가 이미 많이 있다. CrunchyData는 PostgreSQL 데이터베이스 클러스터를 관리하는 오퍼레이터를 개발했다. MongoDB 및 Redis에 널리 사용되는 오퍼레이터도 있다. Rook은 쿠버네티스 클러스터에서 Ceph 스토리지를 관리하고, 다른 오퍼레이터는 아마존 S3 같은 외부 스토리지 서비스의 클러스터 내 관리를 제공한다.

또한 레드햇[Red Hat]의 OpenShift 같은 쿠버네티스 기반 배포판은 오퍼레이터를 사용해 쿠버네티스 코어 위에 확장 기능을 구축하고 OpenShift 웹 콘솔을 최신 상태로 유지한다. 사용자 측면에서 OpenShift는 웹 콘솔에 포인트앤클릭[point-and-click] 오퍼레이터 설치 및 사용을 위한 메커니즘을 추가했으며, 오퍼레이터 개발자를 위해 8장 및 10장에서 논의할 OperatorHub.io(https://operatorhub.io)를 제공한다.

출발하자!

오퍼레이터는 쿠버네티스 클러스터상에서 실행돼야 한다. 2장에서는 랩톱의 로컬 가상 쿠버네티스, 일부 노드의 전체 설치 또는 외부 서비스 등 클러스터에 접근하는 몇 가지 방법을 보여준다. 쿠버네티스 클러스터에 대한 관리자 접근 권한을 확보한 후, etcd 오퍼레이터를 배포하고, 오퍼레이터가 여러분을 대신해 etcd 클러스터를 관리하는 방법을 확인해본다.

오퍼레이터 실행

2장의 첫 번째 절은 이 책의 예제를 실행하기 위한 요구사항을 간략하게 설명하고, 해당 요구사항을 충족하는 쿠버네티스 클러스터에 접근하는 방법에 대한 조언을 제공한다. 두 번째 절에서는 해당 클러스터를 사용해 오퍼레이터를 설치하고 사용하여 오퍼레이터가 수행하는 작업을 살펴본다.

궁극적으로, 오퍼레이터 테스트 베드로 사용할 쿠버네티스 클러스터를 갖게 되며 매니페스트 세트에서 기존 오퍼레이터를 배포하는 방법을 알게 될 것이다. 또한 오퍼레이터가 변경 및 실패에 직면한 애플리케이션의 특정 내부 상태를 관리하는 방법을 살펴보고, 오퍼레이터 아키텍처와 이후의 장에서 설명할 빌드 도구들에 대한 이해를 촉진한다.

오퍼레이터 실험 환경 구성

3장에서 오퍼레이터를 구축, 테스트 및 실행하려면 쿠버네티스 버전 v1.11.0 이상을 실행하는 클러스터에 대해 클러스터 관리자(cluster-admin) 접근 권한이 필요하다. 이러한 요구사항을 이미 충족한 경우 다음 절로 건너뛸 수 있다. 이 절은 쿠버네티스 클러스터를 구성해야 하거나 오퍼레이터 개발 및 테스트를 위한 로컬 환경이 필요한 독자에게 일반적인 조언을 제공한다.

클러스터 버전 요구사항

이 책의 예제는 쿠버네티스 v1.11~v1.16에서 테스트됐다. 검사할 기능이나 조치에 v1.11 이후의 릴리스가 필요하다면 명시한다.

컨트롤 플레인 확장성

쿠버네티스 버전 1.2에는 CRD라고 하는 API 확장 메커니즘이 기본적인 형태의 **서드파티 리소스**[TPR, third party resource]로 도입됐다. 그 이후 오퍼레이터가 기반으로 하는 구성요소들은 그림 2-1에 설명된 것처럼 기능이 늘고 성숙됐다. CRD는 쿠버네티스 버전 1.7 릴리스로 공식화됐다.

확장 기능 x 쿠버네티스 릴리스	v1.2	v1.3	v1.4	v1.5	v1.6	v1.7	v1.8	v1.9	v1.10	v1.11	v1.12	v1.13	v1.14	v1.15	v1.16
CRD 리소스 검증													Beta		
CRD 스키마 변경 웹훅												Alpha	Beta		
CRD 서버 측 출력 컬럼										Alpha	Stable				
CRD API 버저닝										Alpha	Stable				
CRD						Alpha	Beta								Stable
서드파티 리소스	Alpha	Beta					Deprecated								

그림 2-1 쿠버네티스 릴리스별 확장성 기능

1장에서 봤듯이 CRD는 특정 클러스터의 쿠버네티스 API에서 새로운 사이트별 리소스(또는 API 엔드포인트) 정의다. CRD는 오퍼레이터 패턴에 대한 가장 기본적인 설명을 위한 두 가지 필수 구성요소 중 하나다. 즉, CR을 관리하는 사용자 정의 컨트롤러다.

인가 요구사항

오퍼레이터는 쿠버네티스 자체를 확장하므로 일반적인 cluster-admin 클러스터 역할과 같은 쿠버네티스 클러스터에 대한 권한을 가진 클러스터 전체 접근 권한이 필요하다.

권한이 적은 사용자는 오퍼레이터가 관리하는 서비스 및 애플리케이션인 '오퍼랜드(operands)'를 사용할 수 있다.

프로덕션 시나리오를 위해 좀 더 세부적인 쿠버네티스 RBAC^Role-Based Access Control(역할 기반 접근 제어)를 구성해야 하지만, 클러스터를 완벽하게 제어할 권한을 가졌다면 CRD 및 오퍼레이터를 즉시 배포할 수 있다. 또한 이러한 제어 권한을 통해 오퍼레이터와 오퍼레이터가 관리하는 애플리케이션에 대해 역할, 서비스 계정 및 바인딩을 개발할 때 RBAC를 좀 더 상세하게 선언할 수 있는 권한을 갖게 될 것이다.

쿠버네티스 API에게 cluster-admin 역할이 클러스터에 존재하는지 확인하도록 요청할 수 있다. 다음 셸 발췌분은 kubectl의 describe 하위 명령을 사용해 역할을 요약하는 방법을 보여준다.

```
$ kubectl describe clusterrole cluster-admin
Name:          cluster-admin ❶
Labels:        kubernetes.io/bootstrapping=rbac-defaults
PolicyRule:
  Resources  Non-Resource URLs  Resource Names  Verbs
  ---------  -----------------  --------------  -----
  *.*        []                 []              [*]
             [*]                []              [*]
```

❶ RBAC cluster-admin ClusterRole: 모든 것이 가능하다.

표준 도구 및 기술

오퍼레이터는 쿠버네티스 API의 일등 시민을 관리하는 복잡한 애플리케이션을 만드는 것을 목표로 한다. 3장의 예에서 그 의미를 보여줄 예정이다. 이 단계에서는 명령행 쿠버네티스 API 도구 kubectl의 최신 버전이 클러스터에서 기본 오퍼레이터를 배포하고 상호작용하기 위한 유일한 요구사항임을 의미한다.

kubectl을 설치 또는 업데이트해야 한다면 최신 문서(https://oreil.ly/ke6KM)를 참고하자.

 레드햇 OpenShift 쿠버네티스 배포판(아래 설명 참조)의 사용자는 kubectl 대신 oc OpenShift API 유틸리티를 선택적으로 사용할 수 있다.

권장 클러스터 구성

오퍼레이터를 배포할 수 있는 쿠버네티스 클러스터를 실행하는 방법은 여러 가지가 있다. 앞에서 언급했듯이 최신 쿠버네티스 버전을 이미 실행 중인 경우에는 이 조언을 건너뛰고 42페이지의 '단순 오퍼레이터 실행' 절로 갈 수 있다. 그렇지 않은 경우, 이 절에 설명된 쿠버네티스 패키징 또는 배포판은 이 책의 실습을 지원할 수 있도록 충분히 테스트했으므로 참고하기 바란다.

Minikube

Minikube v1.5.2(https://oreil.ly/dBPzK)는 쿠버네티스 v1.16.2를 배포한다. Minikube는 로컬 시스템 하이퍼바이저의 가상 머신$^{VM, virtual machine}$에서 단일 노드 쿠버네티스 클러스터를 실행한다. 기본적으로 Minikube는 광범위한 가용성을 가진 VirtualBox 사용을 가정하지만, 몇 가지 추가 단계를 통해 리눅스의 KVM, 윈도우의 Hyper-V 또는 맥OS의 HyperKit 및 Hypervisor.framework 같은 플랫폼 기본 하이퍼바이저를 사용할 수도 있다. 여기서는 Minikube 문서(https://oreil.ly/eRZpQ)의 자세한 설치 가이드를 사용하지 않는다. Minikube 를 사용해 이 책의 예제를 철저히 테스트했으며, 편의성과 비용상의 이유로 CodeReady 컨테이너(다음 절 참조) 또는 kind^{Kubernetes in Docker} 같은 로컬 환경에서 오퍼레이터 실험을 시작하는 것이 좋다(https://oreil.ly/2y6PD).

레드햇 OpenShift

OpenShift는 레드햇의 쿠버네티스 배포판이다. 쿠버네티스에서 할 수 있는 모든 작업은 동등한 핵심 버전의 OpenShift에서 수행할 수 있다(쿠버네티스를 기반으로 구현된 OpenShift 특화 기능도 있지만 이 책의 범위를 벗어난다). OpenShift 버전 4는 오퍼레이터를 통해 자체적으로 설계, 전달, 관리되는 모든 기능을 갖춘 쿠버네티스 배포판을 제공한다. Openshift는 '자체 호스팅된' 쿠버네티스로, 호스팅된 워크로드의 다운타임 없이 인플레이스 플랫폼 업그레이드를 수행할 수 있다. OpenShift는 4장에서 설명하는 오퍼레이터 라이프사이클 매니저^{Operator Lifecycle Manager}와 기본적으로 제공되는 오퍼레이터 카탈로그^{Operator Catalog} 배포 메커니즘에 대한 그래픽 인터페이스를 포함한다.

레드햇의 https://try.openshift.com을 방문하면 무료 평가판 라이선스로 AWS^{Amazon Web Services}, 마이크로소프트 애저^{Microsoft Azure} 또는 구글 클라우드 플랫폼^{Google Cloud Platform}에 본격적인 OpenShift v4 클러스터를 배포할 수 있다.

 랩톱에서 OpenShift를 실행하려면 Minikube와 동등한 레드햇 CodeReady 컨테이너 (https://github.com/code-ready/crc)를 살펴보자.

OpenShift 학습 포털

OpenShift 학습 포털은 오퍼레이터 설치, 배포, 관리에 필요한 모든 권한을 가진 클러스터에 대한 접근을 포함한 가이드와 레슨을 제공한다. 웹 브라우저에서 시나리오를 사용할 수 있으므로, 이 책의 예를 넘어 계속 학습할 수 있다. 각 절에 대해 OpenShift 클러스터가 가동되며 명령행 및 웹 GUI 접근 권한이 부여된다.

이를 확인하려면 https://learn.openshift.com을 방문해 'OpenShift에서 오퍼레이터 구축하기^{Building Operators on OpenShift}' 그룹을 선택하자.

클러스터 버전 확인

kubectl 버전을 실행해 클러스터가 쿠버네티스 버전 v1.11 이상을 실행 중인지 확인하자. 이 명령은 kubectl 바이너리에 대한 하나의 API 버전 문자열과 연결 중인 클러스터에 대한 버전 문자열을 반환한다.

```
$ kubectl version
Client Version: version.Info{Major:"1", Minor:"16", GitVersion:"v1.16.2",
GitCommit:"c97fe5036ef3df2967d086711e6c0c405941e14b", GitTreeState:"clean",
BuildDate:"2019-10-15T19:18:23Z", GoVersion:"go1.12.10", Compiler:"gc",
Platform:"darwin/amd64"}
Server Version: version.Info{Major:"1", Minor:"16", GitVersion:"v1.16.2",
GitCommit:"c97fe5036ef3df2967d086711e6c0c405941e14b", GitTreeState:"clean",
BuildDate:"2019-10-15T19:09:08Z", GoVersion:"go1.12.10", Compiler:"gc",
Platform:"linux/amd64"}
```

위의 출력에서 클라이언트와 서버 모두 쿠버네티스 버전 1.16.2를 실행하고 있다. kubectl 클라이언트는 서버 뒤의 최대 1개의 릴리스까지 작동해야 하지만(https://oreil.ly/I7K1e) 단순성을 위해 클라이언트와 서버 마이너minor 버전이 일치하는지 확인해야 한다. v1.11 이상이 있으면 오퍼레이터 실험을 시작할 준비가 됐다.

단순 오퍼레이터 실행

호환되는 버전의 쿠버네티스 클러스터에 대한 특권 접근privileged access이 확인되면 오퍼레이터를 배포하고 오퍼레이터가 수행할 수 있는 작업을 확인할 수 있다. 나중에 구축한 오퍼레이터를 배포하고 테스트할 때 동일한 골격의 절차를 다시 보게 된다. etcd 오퍼레이터의 간단한 복구 및 업그레이드 자동화 기능은 쿠버네티스 오퍼레이터의 기본 원칙과 목표를 보여준다.

일반적인 시작점

etcd(https://github.com/coreos/etcd)는 현재 CNCF^{Cloud Native Computing Foundation}의 후원하에 CoreOS에 뿌리를 둔 분산 키-값 저장소다. etcd는 쿠버네티스의 핵심이 되는 기본 데이터 저장소이며, 여러 분산 애플리케이션의 핵심 부분이다. etcd는 쿼럼^{quorum} 멤버 간 합의를 보장하는 Raft(https://raft.github.io/)라는 프로토콜을 구현해 안정적인 스토리지를 제공한다.

etcd 오퍼레이터는 종종 오퍼레이터 패턴의 가치와 역학에 대한 일종의 'Hello World' 예제 역할을 하며, 여기서는 전통을 따른다. etcd의 가장 기본적인 사용법은 설명하기 어렵지 않으므로 etcd를 사용해 설명하지만 etcd 클러스터 설정 및 관리를 위해서는 오퍼레이터에 포함할 수 있는 애플리케이션별 노하우가 필요하다. etcd를 사용하려면 키와 값을 저장하고 이름으로 다시 가져온다. 최소 3개 이상 노드로 구성된 신뢰할 수 있는 etcd 클러스터를 만드는 데 필요한 엔드포인트, 인증 및 기타 문제를 구성하는 일은 etcd 전문가(또는 해당 사용자 지정 셸 스크립트 모음)에게 맡겨진다. 시간이 지남에 따라 etcd를 계속 실행하고 업그레이드하려면 지속적인 관리가 필요하다. etcd 오퍼레이터는 이 모든 작업을 수행하는 방법을 알고 있다.

다음 절에서는 etcd 오퍼레이터를 배포한 다음 사양에 따라 etcd 클러스터를 만든다. etcd API가 읽기 및 쓰기 요청을 계속 서비스하면서 오퍼레이터가 기본 소프트웨어의 라이프사이클을 자동화하는 방법을 보여주는 동안 오퍼레이터는 장애로부터 복구하고 버전 업그레이드를 수행한다.

 OpenShift 학습 포털(https://oreil.ly/j-xKh)을 통해 설정하지 않고도, 실행 중인 OpenShift 클러스터에서 이 예를 따를 수 있다.

etcd 오퍼레이터 매니페스트 가져오기

이 책은 각 장의 예제 코드에 대한 깃^{Git} 저장소(https://github.com/kubernetes-operators-book/chapters.git)를 제공한다. 다음과 같이 chapters 저장소를 복제해서 3장의 예제 디렉토리로 변경하자.

```
$ git clone https://github.com/kubernetes-operators-book/chapters.git
$ cd chapters/ch03
```

CR: 사용자 정의 API 엔드포인트

쿠버네티스의 거의 모든 것과 마찬가지로 YAML 매니페스트를 통해 CRD를 기술한다. CR
은 쿠버네티스 API의 명명된 엔드포인트다. etcdclusters.etcd.database.coreos.com이라는
CRD는 새로운 타입의 엔드포인트를 나타낸다.

CRD 생성

CRD는 CR 인스턴스의 타입과 값을 정의한다. 이 예에서는 새로운 종류의 리소스인 Etcd
Cluster를 정의한다.

cat, less 또는 선호하는 도구를 사용해 etcd-operator-crd.yaml이라는 파일을 읽자. Etcd
Cluster CRD를 지정하는 다음과 같은 YAML을 볼 수 있다.

```
apiVersion: apiextensions.k8s.io/v1beta1
kind: CustomResourceDefinition
metadata:
  name: etcdclusters.etcd.database.coreos.com
spec:
  group: etcd.database.coreos.com
  names:
    kind: EtcdCluster
    listKind: EtcdClusterList
    plural: etcdclusters
    shortNames:
    - etcdclus
    - etcd
    singular: etcdcluster
  scope: Namespaced
  versions:
```

```
  - name: v1beta2
    served: true
    storage: true
```

CRD는 쿠버네티스 API가 이 새로운 리소스를 참조하는 방법을 정의한다. kubectl에서 타이핑을 조금 덜 하도록 도와주는 단축 닉네임도 여기에 정의되어 있다.

클러스터에서 CRD를 작성하자.

```
$ kubectl create -f etcd-operator-crd.yaml
```

간단한 검사 명령은 새로운 CRD etcdclusters.etcd.database.coreos.com을 보여준다.

```
$ kubectl get crd
NAME                                     CREATED AT
etcdclusters.etcd.database.coreos.com    2019-11-15T02:50:14Z
```

 CR의 그룹, 버전 및 종류는 쿠버네티스 리소스 타입의 정규화된 이름을 구성한다. 이 정규화된 이름은 클러스터에서 고유해야 한다. 생성된 CRD는 etcd.database.coreos.com 그룹의 버전 v1beta2 및 EtcdCluster 타입의 리소스를 나타낸다.

나는 누구인가: 오퍼레이터 서비스 계정 정의

3장에서 쿠버네티스 권한 부여에 대한 개요를 제공하고 서비스 계정, 역할 및 기타 권한 부여 개념을 정의한다. 2장에서는 서비스 계정에 대한 기본 선언과, 계정이 etcd 오퍼레이터를 실행하는 데 필요한 기능에 대해 먼저 살펴보고자 한다.

etcd-operator-sa.yaml 파일은 서비스 계정을 정의한다.

```
apiVersion: v1
kind: ServiceAccount
metadata:
  name: etcd-operator-sa
```

kubectl create를 사용해 서비스 계정을 만든다.

```
$ kubectl create -f etcd-operator-sa.yaml
serviceaccount/etcd-operator-sa created
```

클러스터 서비스 계정 목록을 확인하면 다음이 나타난다.

```
$ kubectl get serviceaccounts
NAME              SECRETS   AGE
builder           2         2h
default           3         2h
deployer          2         2h
etcd-operator-sa  2         3s
[...]
```

역할

서비스 계정을 관리하는 역할은 etcd-operator-role.yaml이라는 파일에 정의된다. 이후의 장들과 부록 C의 RBAC에 대한 자세한 설명은 생략하지만 핵심 항목은 역할 목록에서 상당히 눈에 띈다. 역할을 다른 곳(예: etcd-operator-role)에서 참조할 때 사용할 이름을 지정한다. YAML은 역할이 사용할 수 있는 리소스의 종류와 그 역할로 할 수 있는 것, 즉 어떤 동사(verbs)를 말할 수 있는지 나열한다.

```
apiVersion: rbac.authorization.k8s.io/v1
kind: Role
metadata:
  name: etcd-operator-role
```

```yaml
rules:
- apiGroups:
  - etcd.database.coreos.com
  resources:
  - etcdclusters
  - etcdbackups
  - etcdrestores
  verbs:
  - '*'
- apiGroups:
  - ""
  resources:
  - pods
  - services
  - endpoints
  - persistentvolumeclaims
  - events
  verbs:
  - '*'
- apiGroups:
  - apps
  resources:
  - deployments
  verbs:
  - '*'
- apiGroups:
  - ""
  resources:
  - secrets
  verbs:
  - get
```

서비스 계정과 마찬가지로 kubectl을 사용해 역할을 만든다.

```
$ kubectl create -f etcd-operator-role.yaml
role.rbac.authorization.k8s.io/etcd-operator-role created
```

역할 바인딩

RBAC 구성의 마지막 비트인 RoleBinding은 역할을 etcd 오퍼레이터의 서비스 계정에 지정한다. RoleBinding은 etcd-operator-rolebinding.yaml 파일에 선언된다.

```
apiVersion: rbac.authorization.k8s.io/v1
kind: RoleBinding
metadata:
  name: etcd-operator-rolebinding
roleRef:
  apiGroup: rbac.authorization.k8s.io
  kind: Role
  name: etcd-operator-role
subjects:
- kind: ServiceAccount
  name: etcd-operator-sa
  namespace: default
```

마지막 줄에 주목하자. CodeReady 컨테이너에서 제공한 완전히 새로운 OpenShift 클러스터를 사용하는 경우 기본적으로 kubectl 또는 oc 명령이 네임스페이스 myproject에서 실행된다. 유사하게, 구성되지 않은 쿠버네티스 클러스터를 사용한다면 컨텍스트의 기본값은 일반적으로 네임스페이스 default다. 어디에 있든지 이 RoleBinding의 네임스페이스값은 작업 중인 클러스터의 네임스페이스와 일치해야 한다.

지금 바인딩을 작성하자.

```
$ kubectl create -f etcd-operator-rolebinding.yaml
rolebinding.rbac.authorization.k8s.io/etcd-operator-rolebinding created
```

etcd 오퍼레이터 배포

오퍼레이터는 파드에서 실행되는 사용자 지정 컨트롤러이며, 앞에서 정의한 EtcdCluster CR

을 모니터링한다. 매니페스트 파일 etcd-operator-deployment.yaml은 배포하려는 오퍼레이터의 컨테이너 이미지를 포함한 오퍼레이터 파드의 스펙을 제시한다. etcd-operator-deployment.yaml은 etcd 클러스터의 스펙을 정의하지 않는다. 오퍼레이터가 실행되면 CR을 사용해 배포된 etcd 오퍼레이터에게 원하는 etcd 클러스터를 설명한다.

```
apiVersion: extensions/v1beta1
kind: Deployment
metadata:
  labels:
    name: etcdoperator
  name: etcd-operator
spec:
  replicas: 1
  selector:
    name: etcd-operator
  template:
    name: etcd-operator
  spec:
    containers:
    - name: etcd-operator
      image: quay.io/coreos/etcd-operator:v0.9.4
      command:
      - etcd-operator
      - --create-crd=false
      [...]
      imagePullPolicy: IfNotPresent
    serviceAccountName: etcd-operator-sa
```

이 디플로이먼트는 오퍼레이터의 레이블 및 이름을 제공한다. 여기서 주목해야 할 주요 항목은 이 디플로이먼트의 파드 등에서 실행할 컨테이너 이미지 etcd-operator:v0.9.4 및 디플로이먼트의 리소스가 클러스터의 쿠버네티스 API에 접근하는 데 필요한 서비스 계정 등이다. etcd-operator 디플로이먼트는 이를 위해 생성된 etcd-operator-sa 서비스 계정을 사용한다.

평소처럼, 매니페스트로부터 클러스터에 이러한 리소스를 생성할 수 있다.

```
$ kubectl create -f etcd-operator-deployment.yaml
deployment.apps/etcd-operator created
$ kubectl get deployments
NAME            DESIRED   CURRENT   UP-TO-DATE   AVAILABLE   AGE
etcd-operator   1         1         1            1           19s
```

etcd 오퍼레이터 자체는 해당 디플로이먼트에서 실행되는 파드다. 여기서 시작되는 것을 볼 수 있다.

```
$ kubectl get pods
NAME                              READY   STATUS             RESTARTS   AGE
etcd-operator-594fbd565f-4fm8k    0/1     ContainerCreating  0          4s
```

etcd 클러스터 선언

이전에는 새로운 종류의 리소스인 EtcdCluster를 정의하는 CRD를 만들었다. 이제 EtcdCluster 리소스를 지켜보는 오퍼레이터가 있으므로 원하는 상태로 EtcdCluster를 선언할 수 있다. 이를 위해 오퍼레이터가 인식하는 두 가지 spec 요소인 etcd 클러스터 멤버 수 (size) 및 해당 멤버 각각이 실행할 etcd 버전(version) 등을 제공하자.

etcd-cluster-cr.yaml 파일에서 spec 문구들을 볼 수 있다.

```
apiVersion: etcd.database.coreos.com/v1beta2
kind: EtcdCluster
metadata:
  name: example-etcd-cluster
spec:
  size: 3
  version: 3.1.10
```

이 간략한 매니페스트는 각각 etcd 서버의 버전 3.1.10을 실행하는 클러스터 멤버 3개로 원하는 상태를 선언한다. 익숙한 kubectl 구문을 사용해 이 etcd 클러스터를 작성하자.

```
$ kubectl create -f etcd-cluster-cr.yaml
etcdcluster.etcd.database.coreos.com/example-etcd-cluster created
$ kubectl get pods -w
NAME                              READY   STATUS    RESTARTS   AGE
etcd-operator-594fbd565f-4fm8k    1/1     Running   0          3m
example-etcd-cluster-95gqrthjbz   1/1     Running   2          38s
example-etcd-cluster-m9ftnsk572   1/1     Running   0          34s
example-etcd-cluster-pjqhm8d4qj   1/1     Running   0          31s
```

이 etcd 클러스터 예제는 클러스터 API에서 일등 시민인 EtcdCluster다. EtcdCluster는 API 리소스이므로 쿠버네티스에서 etcd 클러스터 스펙 및 상태를 직접 얻을 수 있다. 다음과 같이 kubectl describe를 사용해 크기, etcd 버전 및 etcd 클러스터의 상태를 확인하자.

```
$ kubectl describe etcdcluster/example-etcd-cluster
Name:          example-etcd-cluster
Namespace:     default
API Version:   etcd.database.coreos.com/v1beta2
Kind:          EtcdCluster
[...]
Spec:
  Repository:  quay.io/coreos/etcd
  Size:        3
  Version:     3.1.10
Status:
  Client Port:  2379
  Conditions:
    Last Transition Time:  2019-11-15T02:52:04Z
    Reason:                Cluster available
    Status:                True
    Type:                  Available
  Current Version:         3.1.10
  Members:
```

```
    Ready:
      example-etcd-cluster-6pq7qn82g2
      example-etcd-cluster-dbwt7kr8lw
      Sexample-etcd-cluster-t85hs2hwzb
  Phase:          Running
  Service Name:   example-etcd-cluster-client
```

etcd 실습

이제 etcd 클러스터가 실행 중이다. etcd 오퍼레이터는 etcd 클러스터의 네임스페이스에 쿠버네티스 서비스(https://oreil.ly/meXW_)를 만든다. 서비스는 그룹 멤버가 변경되더라도 클라이언트가 파드 그룹에 접근할 수 있는 엔드포인트다. 기본적으로 서비스에서는 클러스터에 DNS 이름이 표시된다. 오퍼레이터는 CR에 정의된 etcd 클러스터 이름에 -client를 추가해 etcd API의 클라이언트가 사용하는 서비스 이름을 구성한다. 여기서 클라이언트 서비스의 이름은 example-etcd-cluster-client이며, 일반적인 etcd 클라이언트 IP 포트 2379를 리스닝한다. kubectl은 etcd 클러스터와 관련된 서비스를 나열할 수 있다.

```
$ kubectl get services --selector etcd_cluster=example-etcd-cluster
NAME                          TYPE        CLUSTER-IP     ... PORT(S)             AGE
example-etcd-cluster          ClusterIP   None           ... 2379/TCP,2380/TCP   21h
example-etcd-cluster-client   ClusterIP   10.96.46.231   ... 2379/TCP            21h
```

etcd 오퍼레이터가 생성한 다른 서비스 example–etcd–cluster는 etcd API 클라이언트가 아닌 etcd 클러스터 멤버가 사용한다.

클러스터에서 etcd 클라이언트를 실행하고 이를 사용해 클라이언트 서비스에 연결하고 etcd API와 상호작용할 수 있다. 다음 명령을 통해 etcd 컨테이너의 셸에 들어갈 수 있다.

```
$ kubectl run --rm -i --tty etcdctl --image quay.io/coreos/etcd \
  --restart=Never -- /bin/sh
```

etcd 컨테이너의 셸에서 etcdctl의 put 및 get 동사를 사용해 etcd에서 키-값 쌍을 작성하고 읽자.

```
$ export ETCDCTL_API=3
$ export ETCDCSVC=http://example-etcd-cluster-client:2379
$ etcdctl --endpoints $ETCDCSVC put foo bar
$ etcdctl --endpoints $ETCDCSVC get foo
foo
bar
```

이러한 변경을 수행한 후 이러한 쿼리를 반복하거나 새로운 put과 get 명령을 etcdctl 셸에서 실행하자. etcd 오퍼레이터가 클러스터를 확장하고 멤버를 교체하며 etcd 버전을 업그레이드함에도 불구하고 etcd API 서비스의 지속적인 가용성을 볼 수 있다.

etcd 클러스터 확장

선언된 size 스펙을 변경해 etcd 클러스터를 확장할 수 있다. etcd-cluster-cr.yaml을 편집하고 size를 3에서 4 등으로 변경하자. EtcdCluster CR에 변경사항을 적용하자.

```
$ kubectl apply -f etcd-cluster-cr.yaml
```

실행 중인 파드를 확인하면 오퍼레이터가 etcd 클러스터에 새 etcd 멤버를 추가하는 것을 보여준다.

```
$ kubectl get pods
NAME                              READY   STATUS     RESTARTS   AGE
```

```
etcd-operator-594fbd565f-4fm8k        1/1    Running    1    16m
example-etcd-cluster-95gqrthjbz       1/1    Running    2    15m
example-etcd-cluster-m9ftnsk572       1/1    Running    0    15m
example-etcd-cluster-pjqhm8d4qj       1/1    Running    0    15m
example-etcd-cluster-w5l67llqq8       0/1    Init:0/1   0    3s
```

 kubectl edit etcdcluster/example—etcd—cluster 명령을 사용해 편집기로 열어 클러스터 크기를 실시간으로 변경할 수도 있다.

장애 및 자동화된 복구

1장에서 etcd 오퍼레이터가 실패한 멤버를 대체하는 것을 보았다. 실시간으로 살펴보기 전에 이 수동 처리를 위해 수행해야 할 일반적인 단계를 반복해보는 건 가치 있는 일이다. 상태 비저장 프로그램과 달리 진공 상태에서는 etcd 파드가 작동하지 않는다. 일반적으로 자연인 etcd '오퍼레이터(운영자)'는 멤버의 실패를 인식하고 새 사본을 실행한 후 나머지 멤버와 etcd 클러스터에 참여할 수 있도록 구성을 제공해야 한다. etcd 오퍼레이터는 etcd의 내부 상태를 이해하고 복구를 자동화한다.

실패한 etcd 멤버로부터 복구

간단히 kubectl get pods -l app=etc를 실행해 etcd 클러스터의 파드 목록을 가져온다. 마음에 들지 않는 것을 골라 쿠버네티스에게 삭제하도록 지시하자.

```
$ kubectl delete pod example-etcd-cluster-95gqrthjbz
pod "example-etcd-cluster-95gqrthjbz" deleted
```

오퍼레이터는 클러스터의 실제 상태와 원하는 상태의 차이를 확인하고 삭제한 멤버를 대체할 etcd 멤버를 추가한다. 다음과 같이 파드 목록을 검색할 때 PodInitializing 상태의 새 etcd 클러스터 멤버를 볼 수 있다.

```
$ kubectl get pods -w
NAME                              READY   STATUS           RESTARTS   AGE
etcd-operator-594fbd565f-4fm8k    1/1     Running          1          18m
example-etcd-cluster-m9ftnsk572   1/1     Running          0          17m
example-etcd-cluster-pjqhm8d4qj   1/1     Running          0          17m
example-etcd-cluster-r6cb8g2qqw   0/1     PodInitializing  0          31s
```

-w 스위치는 kubectl에게 파드 목록을 '모니터링'하고 목록이 변경될 때마다 표준 출력에 업데이트를 출력하도록 지시한다. Ctrl+C를 사용해 모니터링을 중지하고 셸 프롬프트로 돌아갈 수 있다.

Events를 점검해 example-etcd-cluster CR에 기록된 복구 조치를 볼 수 있다.

```
$ kubectl describe etcdcluster/example-etcd-cluster
[...]
Events:
  Normal  Replacing Dead Member  4m    etcd-operator-589c65bd9f-hpkc6
    The dead member example-etcd-cluster-95gqrthjbz is being replaced
  Normal  Member Removed         4m    etcd-operator-589c65bd9f-hpkc6
    Existing member example-etcd-cluster-95gqrthjbz removed from the cluster
[...]
```

복구 프로세스 전체에서 etcd 클라이언트 파드를 재시작하면 etcd 클러스터에 일반적인 상태 점검을 포함한 요청을 보낼 수 있다.

```
$ kubectl run --rm -i --tty etcdctl --image quay.io/coreos/etcd \
  --restart=Never -- /bin/sh
```

명령 프롬프트가 표시되지 않으면 엔터를 누르자.

```
$ etcdctl --endpoints http://example-etcd-cluster-client:2379 cluster-health
member 5ee0dd47065a4f55 is healthy: got healthy result ...
```

```
member 70baca4290889c4a is healthy: got healthy result ...
member 76cd6c58798a7a4b is healthy: got healthy result ...
cluster is healthy
$ exit
pod "etcdctl" deleted
```

etcd 오퍼레이터는 쿠버네티스가 상태 비저장 앱의 복구를 자동화하는 것과 같은 방식으로 복잡한 상태 저장 애플리케이션에서 장애를 복구한다. 그것은 개념적으로 간단하지만 운영상으론 강력하다. 이러한 개념을 바탕으로 오퍼레이터는 자신이 관리하는 소프트웨어를 업그레이드하는 등의 고급 트릭을 수행할 수 있다. 업그레이드 자동화는 상황을 최신 상태로 유지함으로써 보안에 긍정적인 영향을 줄 수 있다. 오퍼레이터가 서비스 가용성을 유지하면서 애플리케이션의 롤링 업그레이드를 수행하면 최신 수정사항으로 소프트웨어를 패치하는 것이 더 쉬워진다.

etcd 클러스터 업그레이드

이미 etcd 사용자인 경우, 이전 버전인 3.1.10을 지정했음을 알 수 있다. etcd 오퍼레이터의 업그레이드 기술을 탐구할 수 있도록 고안했다.

어려운 업그레이드 방법

지금 버전 3.1.10을 실행하는 etcd 클러스터가 있다. etcd 3.2.13으로 업그레이드하려면 일련의 단계를 수행해야 한다. 이 책은 etcd 관리가 아닌 오퍼레이터를 다루고 있으므로, 여기에 제시된 프로세스를 정리해 수동 업그레이드 프로세스를 간략하게 설명하기 위해 네트워킹 및 호스트 수준의 고려사항들은 제쳐둔다. 수동으로 업그레이드하기 위해 수행할 단계는 다음과 같다.

1. 각 etcd 노드의 버전 및 상태를 확인한다.
2. 재해 복구를 위해 클러스터 상태의 스냅샷을 만든다.

3. 하나의 etcd 서버를 중지한다. 기존 버전을 v3.2.13 바이너리로 바꾼다. 새 버전을 시작한다.

4. 3개의 멤버 클러스터에서 각 etcd 클러스터 멤버에 대해 2회 이상 반복한다.

자세한 내용은 etcd 업그레이드 문서(https://oreil.ly/II9Pn)를 참고하자.

쉬운 방법: 오퍼레이터가 하게 한다

수동 업그레이드의 반복적이며 오류가 발생하기 쉬운 프로세스를 통해, etcd 오퍼레이터가 그와 같은 etcd 관련 지식을 인코딩하는 힘을 쉽게 확인할 수 있다. 오퍼레이터는 etcd 버전을 관리할 수 있으며, 업그레이드는 EtcdCluster 리소스에서 원하는 새 버전을 선언하는 문제가 된다.

etcd 업그레이드 트리거링

일부 etcd-cluster 파드를 쿼리하고 출력만 필터링하여 버전만 확인해 현재 etcd 컨테이너 이미지의 버전을 가져온다.

```
$ kubectl get pod example-etcd-cluster-795649v9kq \
  -o yaml | grep "image:" | uniq
image: quay.io/coreos/etcd:v3.1.10
image: busybox:1.28.0-glibc
```

또는 EtcdCluster 리소스를 쿠버네티스 API에 추가했으므로 대신 kubectl describe를 사용해 example-etcd-cluster의 오퍼레이터 형상을 직접 요약할 수 있다.

```
$ kubectl describe etcdcluster/example-etcd-cluster
```

etcd-cluster-cr.yaml 파일과 클러스터에서 생성된 CR에 지정된 대로 클러스터가 etcd 버전 3.1.10을 실행 중임을 볼 수 있다.

etcd-cluster-cr.yaml을 편집하고 version 스펙을 3.1.10에서 3.2.13으로 변경하자. 그런 다음 새 스펙을 클러스터의 리소스에 적용하자.

```
$ kubectl apply -f etcd-cluster-cr.yaml
```

describe 명령을 다시 사용해 현재 및 대상 버전과 Events 문구의 멤버 업그레이드 통지를 살펴보자.

```
$ kubectl describe etcdcluster/example-etcd-cluster
Name:           example-etcd-cluster
Namespace:      default
API Version:    etcd.database.coreos.com/v1beta2
Kind:           EtcdCluster
[...]
Status:
  Conditions:
    [...]
    Message:          upgrading to 3.2.13
    Reason:           Cluster upgrading
    Status:           True
    Type:             Upgrading
  Current Version:    3.1.10
  [...]
    Size:             3
    Target Version:   3.2.13
Events:
  Type    Reason           Age   From                              ...
  ----    ------           ---   ----                              ---
  Normal  Member Upgraded  3s    etcd-operator-594fbd565f-4fm8k ...
  Normal  Member Upgraded  5s    etcd-operator-594fbd565f-4fm8k ...
```

업그레이드를 업그레이드

일부 kubectl 트릭을 사용하면 쿠버네티스 API를 통해 직접 동일한 편집을 수행할 수 있다.

이번에는 3.2.13에서 이 글을 쓸 당시에 사용 가능한 etcd의 최신 마이너 버전 3.3.12로 업그레이드하겠다.

```
$ kubectl patch etcdcluster example-etcd-cluster --type='json' \
  -p '[{"op": "replace", "path": "/spec/version", "value":3.3.12}]'
```

etcd 클러스터의 CR 매니페스트에서 이 변경을 수행한 다음 첫 번째 업그레이드를 트리거한 것처럼 kubectl로 적용할 수 있다.

연속적인 kubectl describe etcdcluster/example-etcd-cluster 명령은 현재 버전이 될 때까지 이전 버전에서 대상 버전으로의 전환을 보여준다. Events 섹션에는 이러한 각 업그레이드가 기록된다.

```
Normal  Member Upgraded   1m    etcd-operator-594fbd565f-4fm8k
  Member example-etcd-cluster-pjqhm8d4qj upgraded from 3.1.10 to 3.2.23
Normal  Member Upgraded   27s   etcd-operator-594fbd565f-4fm8k
  Member example-etcd-cluster-r6cb8g2qqw upgraded from 3.2.23 to 3.3.12
```

정리

계속 진행하기 전에 etcd 오퍼레이터를 통해 실험하는 과정에서 생성 및 조작한 리소스를 제거하는 것이 좋다. 다음 셀 발췌분에 표시된 것처럼 리소스를 만드는 데 사용된 매니페스트를 사용해 리소스를 제거할 수 있다. 먼저, 현재 작업 디렉토리가 이전에 복제한 깃 저장소(cd chapters/ch03) chapters 디렉토리 하위의 ch03인지 확인하자.

```
$ kubectl delete -f etcd-operator-sa.yaml
$ kubectl delete -f etcd-operator-role.yaml
$ kubectl delete -f etcd-operator-rolebinding.yaml
$ kubectl delete -f etcd-operator-crd.yaml
$ kubectl delete -f etcd-operator-deployment.yaml
```

```
$ kubectl delete -f etcd-cluster-cr.yaml
serviceaccount "etcd-operator-sa" deleted
role.rbac.authorization.k8s.io "etcd-operator-role" deleted
rolebinding.rbac.authorization.k8s.io "etcd-operator-rolebinding" deleted
customresourcedefinition.apiextensions.k8s.io \
  "etcdclusters.etcd.database.coreos.com" deleted
deployment.apps "etcd-operator" deleted
etcdcluster.etcd.database.coreos.com "example-etcd-cluster" deleted
```

요약

여기서는 간결성을 위해 etcdctl 도구와 함께 etcd API를 사용하지만 애플리케이션은 동일한 API 요청, 저장, 검색, 키 및 범위와 같은 방법을 통해 etcd를 사용한다. etcd 오퍼레이터는 etcd 클러스터링 부분을 자동화해 더 많은 애플리케이션에서 안정적인 키-값 스토리지를 사용할 수 있게 한다.

오퍼레이터는 애플리케이션별 확장에서 기대하는 바와 같이 다양한 문제를 관리하면서 훨씬 더 복잡해진다. 그럼에도 불구하고 대부분의 오퍼레이터는 etcd 오퍼레이터를 통해 식별 가능한 기본 패턴을 따른다. CR은 애플리케이션 버전과 같은 원하는 상태를 지정하고 사용자 지정 컨트롤러는 리소스를 모니터링해 클러스터에서 원하는 상태를 유지한다.

이제 오퍼레이터와 작업하기 위한 쿠버네티스 클러스터를 가졌다. 2장에서는 오퍼레이터를 배포하는 방법을 살펴보고 애플리케이션별 상태 조정을 수행하도록 트리거했다. 3장에서는 오퍼레이터를 구성하는 데 사용할 툴킷인 오퍼레이터 프레임워크 및 SDK를 소개하기에 앞서 오퍼레이터가 구축하는 쿠버네티스 API 요소를 소개한다.

쿠버네티스 인터페이스의 오퍼레이터

오퍼레이터는 **리소스**^{resource}와 **컨트롤러**^{controller}라는 두 가지 주요 쿠버네티스 개념을 확장한다. 쿠버네티스 API는 새로운 리소스를 정의하는 메커니즘인 CRD를 포함한다. 3장에서는 오퍼레이터가 클러스터에 새로운 기능을 추가하기 위해 구축한 쿠버네티스 객체를 살펴본다. 이러한 과정은 오퍼레이터가 쿠버네티스 아키텍처에 적합한 방식과 애플리케이션을 쿠버네티스 네이티브로 만드는 것이 왜 가치가 있는지 이해하는 데 도움이 된다.

표준 확장: ReplicaSet 리소스

표준 리소스 ReplicaSet을 살펴보면 쿠버네티스의 중심에 리소스가 애플리케이션 관리 데이터베이스를 구성하는 방식을 알 수 있다. 쿠버네티스 API의 다른 리소스와 마찬가지로 ReplicaSet(https://oreil.ly/nW3ui)은 API 객체의 모음이다. ReplicaSet은 주로 파드 객체를 수집해 애플리케이션의 실행 중 복제 목록을 형성한다. 또 다른 타입의 객체 스펙은 클러스터에서 유지보수해야 하는 복제의 수를 정의한다. 세 번째 객체 스펙은 원하는 것보다 파드가 적게 실행될 때 새 파드를 만들기 위한 템플릿을 가리킨다. ReplicaSet은 더 많은 객체를 포함하지만, 이 세 가지 타입이 클러스터에서 실행 중인 확장 가능한 파드 세트의 기본 상태를 정의한다. 여기서는 1장의 staticweb ReplicaSet에 대한 이 세 가지 주요 부분(Selector, Replicas, Pod Template 필드)을 볼 수 있다.

```
$ kubectl describe replicaset/staticweb-69ccd6d6c
Name:          staticweb-69ccd6d6c
Namespace:     default
Selector:      pod-template-hash=69ccd6d6c,run=staticweb
Labels:        pod-template-hash=69ccd6d6c
               run=staticweb
Controlled By: Deployment/staticweb
Replicas:      1 current / 1 desired
Pods Status:   1 Running / 0 Waiting / 0 Succeeded / 0 Failed
Pod Template:
  Labels:  pod-template-hash=69ccd6d6c
           run=staticweb
  Containers:
   staticweb:
     Image:      nginx
```

표준 쿠버네티스 컨트롤 플레인 구성요소인 ReplicaSet 컨트롤러는 ReplicaSet과 그에 속하는 파드를 관리한다. ReplicaSet 컨트롤러는 ReplicaSet을 생성하고 지속적으로 모니터링한다. 실행 중인 파드 수가 Replicas 필드에서 원하는 수와 일치하지 않으면 ReplicaSet 컨트롤러가 파드를 시작하거나 중지해 실제 상태를 원하는 상태와 일치시킨다.

ReplicaSet 컨트롤러가 취하는 동작은 의도적으로 일반적이며 애플리케이션에 구애받지 않는다. 파드 템플릿에 따라 새 복제를 시작하거나 초과 파드를 삭제한다. 쿠버네티스 클러스터에서 실행될 수 있는 모든 애플리케이션에 대한 시작 및 종료 시퀀스의 세부 사항을 알 수 없고 알아서도 안 되며 실제로 알 수 없다.

오퍼레이터는 애플리케이션의 CR과 애플리케이션의 시작, 확장, 복구, 관리에 대한 모든 세부 사항을 알고 있는 사용자 정의 컨트롤러의 조합이다. 오퍼레이터의 **오퍼랜드**operand는 애플리케이션, 서비스 또는 오퍼레이터가 관리하는 모든 리소스다.

사용자 정의 리소스

쿠버네티스 API의 확장인 CR은 기본 리소스와 같은 하나 이상의 필드를 포함하지만 기본 쿠버네티스 디플로이먼트의 일부는 아니다. CR은 구조화된 데이터를 보유하며, API 서버는 kubectl 또는 다른 API 클라이언트를 사용해 고유 리소스에서와 마찬가지로 필드를 읽고 설정하는 메커니즘을 제공한다. 사용자는 CR 정의를 제공해 실행 중인 클러스터에서 CR을 정의한다. CRD는 CR의 스키마와 유사하며, CR의 필드와 해당 필드에 포함된 값의 타입을 정의한다.

CR 또는 ConfigMap?

쿠버네티스는 애플리케이션이 구성configuration 데이터를 사용할 수 있도록 ConfigMap(https://oreil.ly/ba0uh) 표준 리소스를 제공한다. ConfigMap은 CR을 사용하는 경우와 겹치는 것처럼 보이지만 두 추상화는 각기 다른 경우를 대상으로 한다.

ConfigMap은 httpd.conf 또는 MySQL의 mysql.cnf와 같은 애플리케이션의 구성 파일을 고려해 클러스터의 파드에서 실행 중인 프로그램에 구성을 제공하는 데 가장 적합하다. 애플리케이션은 일반적으로 쿠버네티스 API가 아닌 파일 또는 환경 변수의 값으로 파드 내에서 이러한 구성을 읽으려고 시도한다.

쿠버네티스는 API에서 새로운 객체 모음을 나타내는 CR을 제공한다. CR은 kubectl 같은 표준 쿠버네티스 클라이언트가 만들고 접근하며 리소스 .spec 및 .status 같은 쿠버네티스 규칙을 따른다. CR이 가장 유용한 경우는, 다른 컨트롤러 객체 또는 클러스터 외부의 임의의 리소스를 생성, 업데이트 또는 삭제하는 사용자 지정 컨트롤러 코드를 통해 모니터링되는 경우다.

사용자 정의 컨트롤러

CR은 쿠버네티스 API 데이터베이스의 항목이다. CR은 일반적인 kubectl 명령을 사용해 생성, 접근, 업데이트, 삭제할 수 있지만 CR만으로는 데이터를 수집할 수 없다. 클러스터에서 실행되는 특정 애플리케이션에 대한 선언적 API를 제공하려면 해당 애플리케이션 관리 프로세스를 캡처하는 활성 코드도 필요하다.

표준 쿠버네티스 컨트롤러 ReplicaSet 컨트롤러를 살펴봤다. 애플리케이션의 활성화 관리를 위한 API를 제공하는 오퍼레이터를 생성하려면 애플리케이션을 제어하는 컨트롤러 패턴의 인스턴스를 작성하면 된다. 이 맞춤 컨트롤러는 CR에 표시된 애플리케이션의 원하는 상태를 확인하고 유지 관리한다. 모든 오퍼레이터는 애플리케이션별 관리 로직을 구현하는 하나 이상의 사용자 정의 컨트롤러를 갖는다.

오퍼레이터 범위

쿠버네티스 클러스터는 **네임스페이스**^{namespace}로 나뉜다. 네임스페이스는 클러스터 객체 및 리소스 이름의 경계다. 이름은 단일 네임스페이스 내에서 고유해야 하지만 네임스페이스 간에는 고유하지 않아도 된다. 이를 통해 여러 사용자 또는 팀이 단일 클러스터를 좀 더 쉽게 공유할 수 있고, 네임스페이스별로 리소스 제한 및 접근 제어를 적용할 수 있다. 오퍼레이터는 네임스페이스로 제한되거나 전체 클러스터에서 오퍼랜드를 유지 관리할 수 있다.

쿠버네티스 네임스페이스에 대한 자세한 내용은 쿠버네티스 네임스페이스 문서(https://oreil.ly/k4Okf)를 참조하자.

네임스페이스 범위

일반적으로 오퍼레이터를 단일 네임스페이스로 제한하는 것이 여러 팀에서 사용하는 클러스터에 적합하다. 네임스페이스 범위의 오퍼레이터는 다른 인스턴스와 독립적으로 업그레이드할 수 있으며 이는 편리한 기능을 제공한다. 예를 들어, 테스트 네임스페이스에서 업그레이드를 테스트하거나 호환성을 위해 다른 네임스페이스에서 이전 버전의 API 또는 애플리케이션을 제공할 수 있다.

클러스터 범위 오퍼레이터

오퍼레이터가 클러스터 전체에서 애플리케이션이나 서비스를 보고 관리하는 것이 바람직한 상황이 존재한다. 예를 들어, 이스티오^{Istio}(https://oreil.ly/jM5q2) 같은 서비스 메시를 관리하는 오퍼레이터 또는 cert-manager(https://oreil.ly/QT8tE)처럼 애플리케이션 엔드포인트에 대해 TLS 인증서를 발행하는 오퍼레이터 등은 클러스터 전체 상태를 보고 행동할 때 가장 효과적일 수 있다.

기본적으로 이 책에서 사용된 오퍼레이터 SDK는 오퍼레이터를 단일 네임스페이스로 제한하는 디플로이먼트 및 권한 부여 템플릿을 만든다. 대신 대부분의 오퍼레이터를 클러스터 범위에서 실행하도록 변경할 수 있다. 그렇게 하려면 오퍼레이터의 매니페스트를 변경해 클러스터의 모든 네임스페이스를 모니터링하고 네임스페이스가 Role 및 RoleBinding 권한 부여 객체가 아닌 ClusterRole 및 ClusterRoleBinding의 후원하에 실행되도록 지정해야한다. 다음 절은 이러한 개념의 개요를 제공한다.

권한 부여

쿠버네티스의 권한 부여(API를 통해 클러스터에서 작업을 수행할 수 있는 힘)는 몇 가지 사용 가능한 접근 제어 시스템 중 하나를 정의한다. 그중 RBAC^{Role-Based Access Control}(역할 기반 접근 제어)

가 선호되고 가장 밀접하게 통합되어 있다. RBAC는 시스템 사용자가 수행하는 **역할**에 따라 시스템 리소스 접근을 규제한다. 역할은 **생성, 읽기, 업데이트, 삭제** 같은 특정 API 리소스에 대한 특정 조치를 수행하는 기능 세트다. 역할에 의해 설명된 기능은 RoleBinding에 의해 사용자에게 부여되거나 바인딩된다.

서비스 계정

쿠버네티스에서 일반 자연인 사용자 계정은 클러스터에서 관리하지 않으며 이를 설명하는 API 리소스는 없다. 클러스터에서 사용자를 식별하기 위한 사용자는 텍스트 파일의 사용자 목록에서 구글 계정을 통한 OIDC^{OpenID Connect} 공급자 프록시 인증에 이르기까지 외부 공급자로부터 온 것이다.

> 쿠버네티스 서비스 계정에 대한 자세한 내용은 '쿠버네티스의 사용자'(https://oreil.ly/WmdTq) 문서를 참조하자.

반면 서비스 계정은 쿠버네티스에 의해 관리되며 쿠버네티스 API를 통해 생성 및 조작할 수 있다. 서비스 계정은 사람 대신 프로그램을 인증하기 위한 특별한 타입의 클러스터 사용자다. 오퍼레이터는 쿠버네티스 API를 사용하는 프로그램이며, 대부분의 오퍼레이터는 서비스 계정에서 접근 권한을 얻어야 한다. 서비스 계정 작성은 오퍼레이터 배포의 표준 단계다. 서비스 계정은 오퍼레이터를 식별하며 계정의 역할은 오퍼레이터에게 부여된 권한을 나타낸다.

역할

쿠버네티스 RBAC는 기본적으로 권한을 거부하므로 역할은 부여된 권한을 정의한다. 쿠버네티스 역할의 일반적인 'Hello World' 예제는 다음 YAML 발췌분과 유사하다.

```
apiVersion: rbac.authorization.k8s.io/v1
kind: Role
metadata:
  namespace: default
  name: pod-reader
rules:
- apiGroups: [""]
  resources: ["pods"] ❶
  verbs: ["get", "watch", "list"] ❷
```

❶ 이 역할에 의해 부여된 권한은 파드에서만 유효하다.

❷ 이 목록은 허용된 리소스에 대한 특정 작업을 허용한다. 이 역할을 가진 계정에서 파드에 대한 읽기 전용 접근을 포함하는 동사^{verbs}를 사용할 수 있다.

RoleBinding

RoleBinding은 역할을 하나 이상의 사용자 목록에 연결한다. 해당 사용자에게는 바인딩에서 참조된 역할에 정의된 권한이 부여된다. RoleBinding은 자체 네임스페이스에서 해당 역할만 참조할 수 있다. 네임스페이스로 제한된 오퍼레이터를 배포할 때 RoleBinding은 해당 역할을 오퍼레이터를 식별하는 서비스 계정에 바인딩한다.

ClusterRole 및 ClusterRoleBinding

앞에서 설명한 것처럼 대부분의 오퍼레이터는 네임스페이스에 한정되며, Role 및 RoleBinding도 네임스페이스로 제한된다. ClusterRole 및 ClusterRoleBinding은 클러스터 전체에 해당한다. 네임스페이스가 지정된 표준 RoleBinding은 네임스페이스의 역할 또는 전체 클러스터에 대해 정의된 ClusterRole만 참조할 수 있다. RoleBinding이 ClusterRole을 참조하면 ClusterRole에 선언된 규칙은 바인딩의 자체 네임스페이스의 지정된 리소스에만 적용된다. 이러한 방식으로 일련의 공통 역할을 ClusterRole로 한 번만 정의하고 특정 네임스페이스에서 재사용되어 사용자에게 부여될 수 있다.

ClusterRoleBinding은 전체 네임스페이스의 전체 클러스터에 걸쳐 사용자에게 기능을 부여한다. 전체 클러스터 책임을 맡은 오퍼레이터는 종종 ClusterRoleBinding을 사용해 ClusterRole을 오퍼레이터 서비스 계정에 연결한다.

요약

오퍼레이터는 쿠버네티스 확장이다. 3장에서는 담당 애플리케이션을 관리하는 방법을 아는 오퍼레이터를 구성하는 데 필요한 쿠버네티스 구성요소를 설명했다. 오퍼레이터는 핵심 쿠버네티스 개념을 기반으로 하기 때문에 애플리케이션을 의미 있게 '쿠버네티스 네이티브'로 만들 수 있다. 이러한 애플리케이션은 환경을 인식하고 기존 기능뿐만 아니라 플랫폼의 디자인 패턴 같은 환경을 활용하므로 좀 더 안정적이고 덜 궁색하다. 오퍼레이터는 정중하게 쿠버네티스를 확장하므로 레드햇의 OpenShift 쿠버네티스 배포판에서 볼 수 있듯이 플랫폼 자체의 구성요소 및 절차를 관리할 수도 있다.

CHAPTER 4

오퍼레이터 프레임워크

오퍼레이터를 개발하고 배포판, 디플로이먼트 및 라이프사이클을 관리하는 데는 불가피한 복잡성이 존재한다. 레드햇 오퍼레이터 프레임워크^{Red Hat Operator Framework}를 사용하면 오퍼레이터를 좀 더 쉽게 작성하고 분배할 수 있다. 레드햇 오퍼레이터 프레임워크는 반복적인 구현 작업을 자동화하는 SDK^{software development kit}를 사용해 오퍼레이터를 좀 더 쉽게 구축할 수 있다. 레드햇 오퍼레이터 프레임워크는 오퍼레이터 배포 및 관리를 위한 메커니즘도 제공한다. OLM^{Operator Lifecycle Manager}(오퍼레이터 라이프사이클 매니저)은 다른 오퍼레이터를 설치, 관리, 업그레이드하는 오퍼레이터다. 오퍼레이터 미터링^{Operator Metering}은 오퍼레이터의 클러스터 리소스 사용을 설명하는 메트릭 시스템이다. 4장은 프레임워크의 이 세 가지 주요 부분에 대한 개요를 제공하여 이러한 도구를 사용해 오퍼레이터 예제를 빌드하고 배포할 수 있도록 준비한다. 그 과정에서 SDK 기능의 기본 인터페이스인 operator-sdk 명령행 도구를 설치한다.

오퍼레이터 프레임워크의 기원

오퍼레이터 SDK는 Go 프로그래밍 언어로 필수 쿠버네티스 컨트롤러 루틴을 제공하는 라이브러리 세트인 쿠버네티스 controller-runtime(https://oreil.ly/AM0TP) 위에 구축된다. SDK는 오퍼레이터 프레임워크의 일부로, OLM을 사용해 오퍼레이터를 분배 및 관리하고 오퍼레이터 미터링으로 이를 측정하기 위한 통합 지점을 제공한다. SDK 및 전체 레드햇 오퍼레이터 프레임워크는 커뮤니티 및 기타 조직의 기여자가 존재하는 오픈소스이며, 공급 업체 중립적이며 쿠버네티스 자체 및 기타 여러 관련 프로젝트의 고향인 CNCF^{Cloud Native Computing Foundation}(https://www.cncf.io/)에 기증되고 있다(https://oreil.ly/KoyS6).

오퍼레이터 성숙도 모델

그림 4-1에 묘사된 오퍼레이터 성숙도 모델^{Operator Maturity Model}은 다양한 수준의 오퍼레이터 기능을 검토하는 방법을 보여준다. 오퍼레이터를 설치한 최소한의 실행 가능한 제품으로 시작한 다음 라이프사이클 관리 및 업그레이드 기능을 추가해 시간이 지남에 따라 애플리케이션의 완벽하고 반복적인 자동화를 구축한다.

오퍼레이터는 일련의 개발 주기 동안 단순하게 시작해서 정교함을 키워갈 수 있다. 모델의 첫 번째 단계에는 오퍼랜드가 필요로 하는 모든 리소스를 만들기에 충분한 애플리케이션별 코드가 필요하다. 즉, 1단계는 사전 준비된 자동 애플리케이션 설치다.

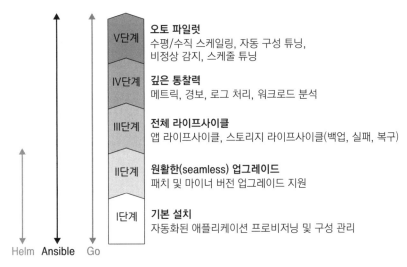

그림 4-1 오퍼레이터 성숙도 모델

오퍼레이터 SDK

오퍼레이터 SDK(https://oreil.ly/IcfRf)는 오퍼레이터를 배포하기 위한 스캐폴딩, 빌드 및 준비를 위한 도구 세트다. SDK에는 현재 Go 프로그래밍 언어로 오퍼레이터 구성을 위한 일급 지원이 포함되어 있으며, 지원 계획이 있는 그 밖의 언어도 지원된다. 또한 SDK는 Helm(https://oreil.ly/IYH2d) 차트 또는 Ansible(https://oreil.ly/ek6jP) 플레이북용 어댑터 아키텍처로 설명 가능한 기능도 제공한다. 어댑터 오퍼레이터는 6장에서 다룬다. 7장에서는 SDK 도구를 사용해 사용자 정의 오퍼레이터를 빌드하기 위한 Go 애플리케이션에 특화된 관리 루틴을 구현하는 방법을 보여준다.

오퍼레이터 SDK 도구 설치

오퍼레이터 SDK는 오퍼레이터를 구축하는 데 도움이 되는 명령행 도구인 operator-sdk를 중심으로 한다. SDK는 표준 프로젝트 레이아웃을 적용하고, 기본 쿠버네티스 API 컨트롤러 구현을 위한 Go 소스 코드 스켈레톤과 애플리케이션별 핸들러를 위한 플레이스홀더를 생성한다. 여기서 SDK는 오퍼레이터를 구축하고 이를 리눅스 컨테이너에 래핑하기 위한 편리한 명령을 제공해 쿠버네티스 클러스터에 오퍼레이터를 배포하는 데 필요한 YAML 형식 쿠버네티스 매니페스트를 생성한다.

바이너리 설치

운영체제용 바이너리를 설치하려면 쿠버네티스 SDK 저장소(https://oreil.ly/TTnC6)에서 operator-sdk를 다운로드하여 실행 가능하게 만들고 $PATH의 디렉토리로 이동하자. 프로그램은 정적으로 링크되어 있으므로 릴리스가 제공되는 플랫폼에서 실행 가능하다. 이 글을 쓰는 시점에 이 프로젝트는 x86-64 아키텍처에서 맥OS 및 리눅스 운영체제용 빌드를 제공한다.

operator-sdk와 같이 빠르게 발전하는 프로젝트에서는 최신 설치 방법에 대한 프로젝트의 설치 가이드(https://oreil.ly/ZbaBT)를 확인하는 것이 좋다.

소스에서 설치

최신 개발 버전을 얻거나 바이너리 배포판이 없는 플랫폼의 경우 소스에서 operator-sdk를 빌드하자. git과 go가 설치되어 있다고 가정한다.

```
$ go get -d github.com/operator-framework/operator-sdk
$ cd $GOPATH/src/github.com/operator-framework/operator-sdk
$ git checkout master
$ make tidy
$ make install
```

빌드 과정이 성공적으로 진행되면 operator-sdk 바이너리가 $GOPATH/bin 디렉토리에 생성된다. operator-sdk version을 실행해 $PATH에 있는지 확인하자.

SDK 도구를 얻는 가장 일반적이고 의존성이 적은 다음 두 가지 방법이 존재한다. 그 밖의 옵션은 프로젝트의 설치 문서(https://oreil.ly/fAC1b)를 확인하자. 이 책의 후속 예제는 0.11.x 버전의 operator-sdk를 사용한다.

오퍼레이터 라이프사이클 매니저

오퍼레이터는 모든 플랫폼에서 모든 애플리케이션을 시간이 지남에 따라 획득, 배포, 관리 해야 한다는 일반적인 원칙을 다룬다. 오퍼레이터 자체는 쿠버네티스 애플리케이션이다. 오 퍼레이터가 오퍼랜드를 관리하는 동안 무엇이 오퍼레이터를 관리할까?

오퍼레이터 라이프사이클 매니저^{OLM}(https://oreil.ly/SDL7q)는 쿠버네티스 클러스터에서 운영 자를 획득, 배포, 관리하는 오퍼레이터다. 모든 애플리케이션의 오퍼레이터와 마찬가지로, OLM은 사용자 지정 리소스 및 사용자 지정 컨트롤러를 통해 쿠버네티스를 확장하여 쿠버네 티스 API를 통해 쿠버네티스 도구를 사용해 오퍼레이터를 선언적으로 관리할 수 있다.

OLM은 오퍼레이터 및 해당 종속성을 기술하기 위한 CSV$^{Cluster Service Version}$라고 하는 오퍼레 이터 메타데이터의 스키마를 정의한다. CSV를 가진 오퍼레이터는 쿠버네티스 클러스터에서 실행 중인 OLM에서 사용 가능한 카탈로그 항목으로 나열될 수 있다. 그런 다음 사용자가 카 탈로그에서 오퍼레이터를 구독해 OLM에게 원하는 오퍼레이터를 프로비저닝하고 관리하도 록 지시한다. 해당 오퍼레이터는 클러스터에서 애플리케이션 또는 서비스를 프로비저닝하 고 관리한다.

오퍼레이터가 CSV로 제공하는 설명 및 매개변수를 기반으로 OLM은 라이프사이클 동안 오 퍼레이터를 관리(상태 모니터링, 실행 상태 유지 조치 수행, 클러스터의 여러 인스턴스 간 조정, 새 버전 으로 업그레이드)할 수 있다. 오퍼레이터는 앱의 최신 버전에 대한 최신 자동화 기능으로 애플 리케이션을 제어할 수 있다.

오퍼레이터 미터링

오퍼레이터 미터링은 쿠버네티스 클러스터에서 실행되는 오퍼레이터의 리소스 사용량을 분석하기 위한 시스템이다. 미터링은 쿠버네티스 CPU, 메모리 및 기타 리소스 메트릭을 분석해 인프라 서비스 비용을 계산한다. 사용량에 따라 애플리케이션 사용자에게 청구하는 데 필요한 것 같은 애플리케이션별 메트릭을 검사할 수도 있다. 미터링은 운영 팀이 클라우드 서비스 또는 클러스터 리소스의 비용을 애플리케이션, 네임스페이스 및 이를 소비하는 팀에 매핑할 수 있는 모델을 제공한다. 이 플랫폼은 오퍼레이터 및 운영하는 애플리케이션에 따라 맞춤형 보고서를 작성할 수 있는 세 가지 주요 활동을 지원하는 플랫폼이다.

예산 수립

클러스터에서 오퍼레이터를 사용하면 팀은 특히 자동 확장 클러스터 또는 하이브리드 클라우드 디플로이먼트에서 인프라 리소스가 어떻게 사용되는지에 대한 통찰력을 얻을 수 있어 낭비를 피하기 위한 예측 및 할당을 개선할 수 있다.

빌링

고객에게 지불 서비스를 제공하는 오퍼레이터를 구축할 때 오퍼레이터 및 애플리케이션의 내부 구조를 반영하는 청구 코드 또는 레이블을 사용해 리소스 사용량을 추적하여 정확한 항목별 청구서를 계산할 수 있다.

메트릭 집계

네임스페이스 또는 팀 전체에서 서비스 사용량 및 메트릭을 볼 수 있다. 예를 들어, 많은 쿠버네티스 클러스터를 공유하는 여러 팀에 대해 많은 데이터베이스 서버 클러스터와 매우 많은 데이터베이스를 실행하는 PostgreSQL 데이터베이스 오퍼레이터가 소비하는 리소스를 분석하는 데 도움이 될 수 있다.

요약

4장에서는 오퍼레이터 프레임워크의 세 가지 요소인 운영자 구축 및 개발을 위한 오퍼레이터 SDK, 배포와 설치 및 업그레이드를 위한 OLM, 마지막으로 오퍼레이터 성능 및 리소스 소비를 측정하기 위한 오퍼레이터 미터링을 소개했다. 이러한 프레임워크 요소는 함께 오퍼레이터를 작성하고 계속 실행하는 프로세스를 지원한다.

operator-sdk 도구도 설치했으므로 오퍼레이터 작성을 위한 기본 도구가 갖춰졌다. 먼저 방문자 사이트를 관리하기 위해 오퍼레이터를 구성할 예제 애플리케이션을 소개한다.

CHAPTER 5

샘플 애플리케이션:
방문자 사이트

실제 프로덕션 수준의 애플리케이션은 어렵다. 컨테이너 기반 아키텍처는 종종 자체 구성 및 설치 프로세스가 필요한 여러 서비스로 구성된다. 개별 구성요소 및 해당 상호작용을 포함하여 이러한 타입의 애플리케이션을 유지 관리하는 것은 시간이 많이 걸리고 오류가 발생하기 쉬운 프로세스다. 오퍼레이터는 이 프로세스의 어려움을 줄이도록 설계됐다.

간단한 단일 컨테이너 'Hello World' 애플리케이션은 오퍼레이터가 수행 가능한 작업을 완전히 보여주기엔 충분한 복잡성을 제공하지 못한다. 오퍼레이터의 기능을 이해하는 데 실제로 도움이 되려면 데모 용도로 사용하기 위해 구성값이 각기 다른 여러 쿠버네티스 리소스가 사용되는 애플리케이션이 필요하다.

5장에서는 방문자 사이트 작성을 다루는 6장에서 예제로 사용할 방문자 사이트 애플리케이션을 소개한다. 애플리케이션 아키텍처와 사이트 운영 방법 및 전통적인 쿠버네티스 매니페스트를 통해 사이트를 설치하는 과정을 살펴본다. 6장에서는 오퍼레이터 SDK가 제공하는 각 접근 방식(Helm, Ansible, Go)을 사용해 이 애플리케이션을 배포하고 각각의 장단점을 살펴볼 수 있는 오퍼레이터를 만든다.

애플리케이션 개요

방문자 사이트는 홈페이지에 대한 각 요청의 정보를 추적한다. 페이지를 새로 고칠 때마다 클라이언트, 백엔드 서버, 타임스탬프에 대한 세부 정보가 포함된 항목이 저장된다. 홈페이지에는 가장 최근에 방문한 목록이 표시된다(그림 5-1 참조).

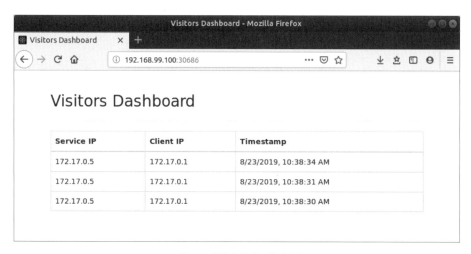

그림 5-1 방문자 사이트 홈페이지

홈페이지 자체는 상당히 단순하지만 아키텍처는 오퍼레이터를 탐색하기 위한 흥미로운 예다. 방문자 사이트는 다음과 같이 구성된 전통적인 3티어 애플리케이션이다.

- 리액트^React(https://reactjs.org/)로 구현된 웹 프론트엔드
- Django 프레임워크(https://www.djangoproject.com/)를 사용해 파이썬^Python(https://www.python.org/)으로 구현된 REST API
- MySQL(https://www.mysql.com/)을 사용하는 데이터베이스

그림 5-2에 표시된 것처럼 이러한 각 구성요소는 별도의 컨테이너로 배포된다. 사용자가 웹 인터페이스와 상호작용해 백엔드 REST API를 호출하는 흐름은 간단하다. REST API에 제출된 데이터는 자체 데이터베이스로도 실행되는 MySQL 데이터베이스에 유지된다.

그림 5-2 방문자 사이트 아키텍처

데이터베이스는 영구 볼륨에 연결되지 않고 데이터를 임시로 저장한다. 이것이 프로덕션에 적합한 솔루션은 아니지만 이 예제의 목적상 중요한 측면은 컨테이너 자체 간의 배포 및 상호작용이다.

매니페스트를 사용한 설치

방문자 사이트의 각 구성요소에는 2개의 쿠버네티스 리소스가 필요하다.

디플로이먼트

이미지 이름, 노출된 포트 및 단일 디플로이먼트를 위한 특정 구성을 포함하여 컨테이너를 만드는 데 필요한 정보가 들어 있다.

서비스

디플로이먼트의 모든 컨테이너에 대한 네트워크 추상화. 디플로이먼트를 백엔드로 수행할 하나의 컨테이너를 넘어서 확장하면 서비스가 앞에 배치되어 모든 복제에서 수신 요청의 균형을 유지한다.

세 번째 리소스는 데이터베이스의 인증 세부 사항을 저장하는 데 사용된다. MySQL 컨테이너는 시작 시 이 **시크릿**secret을 사용하고 백엔드 컨테이너는 이를 사용해 요청 시 데이터베이스에 대해 인증한다.

또한 구성요소 간 일관돼야 하는 구성값이 존재한다. 예를 들어, 백엔드는 연결할 데이터베이스 서비스의 이름을 알아야 한다. 매니페스트를 통해 애플리케이션을 배포할 때는 이러한 관계를 인식해 값을 조절해야 한다.

다음 매니페스트에서는 제공된 값들이 작동하는 방문자 사이트 디플로이먼트를 생성한다. 각 절은 사용자 개입이 필요한 특정 인스턴스를 강조한다.

책의 깃허브 저장소(https://github.com/kubernetes-operators-book/chapters/tree/master/ch05)에서 모든 매니페스트를 찾을 수 있다.

MySQL 배포

컨테이너를 시작하는 동안 데이터베이스가 사용되므로 데이터베이스를 배포하기 전에 시크 릿을 생성해야 한다.

```
apiVersion: v1
kind: Secret
metadata:
  name: mysql-auth ❶
type: Opaque
stringData:
  username: visitors-user ❷
  password: visitors-pass ❷
```

❶ 데이터베이스 및 백엔드 디플로이먼트에서 시크릿을 사용하는 경우 이 이름으로 참 조된다.

❷ 이 예에서는 편의상 사용자 이름과 비밀번호는 테스트값으로 기본 설정되어 있다.

이 책의 깃허브 저장소(https://oreil.ly/jZTgt)에 있는 database.yaml 파일에서 시크릿 리소스 의 정의를 찾을 수 있다.

시크릿이 설정되면 다음 매니페스트를 사용해 MySQL 인스턴스를 쿠버네티스에 배포하자.

```
apiVersion: apps/v1
kind: Deployment
```

```yaml
metadata:
  name: mysql ❶
spec:
  replicas: 1
  selector:
    matchLabels:
      app: visitors
      tier: mysql
  template:
    metadata:
      labels:
        app: visitors
        tier: mysql
    spec:
      containers:
        - name: visitors-mysql
          image: "mysql:5.7" ❷
          imagePullPolicy: Always
          ports:
            - name: mysql
              containerPort: 3306 ❸
              protocol: TCP
          env: ❹
            - name: MYSQL_ROOT_PASSWORD
              value: password
            - name: MYSQL_DATABASE
              value: visitors_db
            - name: MYSQL_USER
              valueFrom:
                secretKeyRef:
                  name: mysql-auth ❺
                  key: username
            - name: MYSQL_PASSWORD
              valueFrom:
                secretKeyRef:
                  name: mysql-auth ❺
                  key: password
```

❶ 디플로이먼트 이름은 배포된 네임스페이스에 고유해야 한다.

❷ 디플로이먼트에는 이름 및 호스팅하는 저장소를 포함하여 배포할 이미지의 세부 정보가 필요하다.

❸ 사용자는 이미지가 노출하는 각 포트를 알고 있어야 하며 명시적으로 참조해야 한다.

❹ 이 특정 디플로이먼트를 위해 컨테이너를 구성하는 데 사용되는 값은 환경 변수로 전달된다.

❺ 시크릿은 데이터베이스 인증 자격 증명에 대한 값을 제공한다.

다른 매니페스트가 이러한 값을 사용하므로 컨테이너 포트의 값과 각 환경 변수를 염두에 두자.

디플로이먼트로 인해 MySQL 컨테이너가 생성된다. 그러나 접근 수단을 제공하는 인그레스^{ingress} 구성은 제공하지 않는다. 이를 위해서는 서비스가 필요하다. 다음 매니페스트는 MySQL 디플로이먼트에 대한 접근을 제공하는 쿠버네티스 서비스를 만든다.

```
apiVersion: v1
kind: Service
metadata:
  name: mysql-service ❶
  labels:
    app: visitors
    tier: mysql
spec:
  clusterIP: None
  ports:
    - port: 3306 ❷
  selector:
    app: visitors
    tier: mysql
```

❶ 디플로이먼트와 마찬가지로 서비스 이름은 특정 네임스페이스에서 고유해야 한다. 이는 백엔드 및 프론트엔드 구성요소의 디플로이먼트 및 서비스에도 적용된다.

❷ 서비스는 디플로이먼트에 의해 노출된 포트에 매핑되므로 이 값은 디플로이먼트의 포트 부분과 동일해야 한다.

백엔드

MySQL 리소스와 마찬가지로 백엔드는 디플로이먼트 및 서비스가 모두 필요하다. 그러나 데이터베이스는 독립형이지만 백엔드 구성은 데이터베이스 설정값에 크게 의존한다. 이는 비합리적인 요구사항은 아니지만 두 리소스에서 값이 일관되게 해야 한다. 단일 오류로 인해 백엔드가 데이터베이스와 통신이 불가능할 수도 있다. 백엔드를 배포할 매니페스트는 다음과 같다.

```
apiVersion: apps/v1
kind: Deployment
metadata:
  name: visitors-backend
spec:
  replicas: 1 ❶
  selector:
    matchLabels:
      app: visitors
      tier: backend
  template:
    metadata:
      labels:
        app: visitors
        tier: backend
    spec:
      containers:
        - name: visitors-backend
          image: "jdob/visitors-service:1.0.0"
```

```
    imagePullPolicy: Always
    ports:
      - name: visitors
        containerPort: 8000
    env:
      - name: MYSQL_DATABASE ❷
        value: visitors_db
      - name: MYSQL_SERVICE_HOST ❸
        value: mysql-service
      - name: MYSQL_USERNAME
        valueFrom:
          secretKeyRef:
            name: mysql-auth ❹
            key: username
      - name: MYSQL_PASSWORD
        valueFrom:
          secretKeyRef:
            name: mysql-auth ❹
            key: password
```

❶ 각 디플로이먼트 구성에는 생성해야 할 컨테이너 수가 포함된다.

❷ 이러한 값은 MySQL 디플로이먼트에 설정된 값과 일치하는지 수동으로 확인해야
   한다. 그렇지 않으면 백엔드가 데이터베이스에 연결할 수 없다.

❸ 이 값은 백엔드에 데이터베이스를 찾을 위치를 알려주며 이전에 작성된 MySQL 서
   비스 이름과 일치해야 한다.

❹ 데이터베이스 디플로이먼트와 마찬가지로 시크릿은 데이터베이스에 대한 인증 자
   격 증명을 제공한다.

컨테이너화된 애플리케이션 사용의 주요 이점 중 하나는 특정 구성요소를 개별적으로 확장
할 수 있는 기능이다. 여기에 표시된 백엔드 디플로이먼트에서 백엔드를 확장하도록 replicas
필드를 수정할 수 있다. 6장의 오퍼레이터 예제는 사용자 정의 리소스를 사용해 이 복제 수

```
```

를 방문자 사이트 사용자 정의 리소스의 일급 구성값으로 표시한다. 사용자는 매니페스트를 사용할 때와 같이 특정 백엔드 디플로이먼트를 수동으로 탐색할 필요가 없다. 오퍼레이터는 입력된 값을 적절하게 사용하는 방법을 알고 있다.

서비스 매니페스트는 데이터베이스에 대해 생성한 것과 비슷하다.

```
apiVersion: v1
kind: Service
metadata:
  name: visitors-backend-service
  labels:
    app: visitors
    tier: backend
spec:
  type: NodePort
  ports:
    - port: 8000 ❶
      targetPort: 8000
      nodePort: 30685 ❷
      protocol: TCP
  selector:
    app: visitors
    tier: backend
```

❶ 데이터베이스 서비스와 마찬가지로 서비스 정의에서 참조된 포트가 디플로이먼트에 의해 노출된 포트와 일치해야 한다.

❷ 이 예에서 백엔드는 Minikube와 동일한 IP에서 포트 30685를 통해 실행되도록 구성된다. 프론트엔드에서 데이터를 위해 백엔드를 호출할 때 이 포트를 사용한다. 간단히 말해, 프론트엔드의 기본값은 이 값을 사용하므로 프론트엔드를 배포할 때 이를 지정할 필요가 없다.

프론트엔드

프론트엔드는 백엔드 디플로이먼트와 일치하는 구성이 필요하다는 점에서 백엔드와 비슷한 위치에 있다. 다시 말해, 이 값들이 두 위치에서 일치하는지 수동으로 확인하는 것은 사용자의 책임이다. 프론트엔드 디플로이먼트를 만드는 매니페스트는 다음과 같다.

```
apiVersion: apps/v1
kind: Deployment
metadata:
  name: visitors-frontend
spec:
  replicas: 1
  selector:
    matchLabels:
      app: visitors
      tier: frontend
  template:
    metadata:
      labels:
        app: visitors
        tier: frontend
    spec:
      containers:
        - name: visitors-frontend
          image: "jdob/visitors-webui:1.0.0"
          imagePullPolicy: Always
          ports:
            - name: visitors
              containerPort: 3000
          env:
            - name: REACT_APP_TITLE ❶
              value: "Visitors Dashboard"
```

❶ 방문자 사이트 애플리케이션을 좀 더 흥미롭게 하기 위해 환경 변수를 통해 홈페이지 제목을 대체할 수 있다. 6장에서 생성 방법을 배우게 될 CR은 홈페이지 제목 환

경 변수를 방문자 사이트의 값으로 노출시켜 최종 사용자가 어떤 디플로이먼트를 통해 값을 지정해야 하는지 알 필요가 없게 한다.

MySQL 및 백엔드 디플로이먼트와 유사하게 다음 매니페스트는 프론트엔드 디플로이먼트에 대한 접근을 제공하는 서비스를 만든다.

```
apiVersion: v1
kind: Service
metadata:
  name: visitors-frontend-service
  labels:
    app: visitors
    tier: frontend
spec:
  type: NodePort
  ports:
    - port: 3000
      targetPort: 3000
      nodePort: 30686 ❶
      protocol: TCP
  selector:
    app: visitors
    tier: frontend
```

❶ 프론트엔드 서비스는 백엔드 서비스와 매우 유사해 보이지만, 포트 30686에서 실행된다는 차이점이 있다.

매니페스트 배포

kubectl 명령을 사용해 방문자 사이트를 직접 실행할 수 있다.

```
$ kubectl apply -f ch05/database.yaml
secret/mysql-auth created
deployment.apps/mysql
created service/mysql-service created

$ kubectl apply -f ch05/backend.yaml
deployment.apps/visitors-backend created
service/visitors-backend-service created

$ kubectl apply -f ch05/frontend.yaml
deployment.apps/visitors-frontend created
service/visitors-frontend-service created
```

방문자 사이트에 접근

이러한 매니페스트를 사용하면 Minikube 인스턴스의 IP 주소를 사용하고 브라우저에서 포트 30686을 지정해 홈페이지를 찾을 수 있다. 다음 minikube 명령은 접근할 IP 주소를 제공한다.

```
$ minikube ip
192.168.99.100
```

이 Minikube 인스턴스의 경우 브라우저를 열고 http://192.168.99.100:30686으로 이동해 방문자 사이트에 접근할 수 있다.

새로 고침을 몇 번 클릭하면 그림 5-1에 표시된 대로 내부 클러스터 IP 및 각 요청의 타임스탬프에 대한 세부 정보로 해당 페이지의 테이블이 채워진다.

정리

매니페스트 배포와 마찬가지로 kubectl 명령을 사용해 생성된 리소스를 삭제한다.

```
$ kubectl delete -f ch05/frontend.yaml
deployment.apps "visitors-frontend" deleted
service "visitors-frontend-service" deleted

$ kubectl delete -f ch05/backend.yaml
deployment.apps "visitors-backend" deleted
service "visitors-backend-service" deleted

$ kubectl delete -f ch05/database.yaml
secret "mysql-auth" deleted
deployment.apps "mysql" deleted
service "mysql-service" deleted
```

요약

6장에서는 이 샘플 애플리케이션을 사용해 오퍼레이터를 구축하는 다양한 기술을 시연한다.

오퍼레이터 구현 외에도 최종 사용자 경험을 명심하자. 5장에서 매니페스트 기반 설치를 설명했으며, 많은 수동 변경과 내부 참조가 필요하다. 이어지는 모든 오퍼레이터 구현은 방문자 사이트의 인스턴스를 작성 및 구성하기 위한 유일한 API 역할을 하는 사용자 정의 리소스 정의를 작성한다.

CHAPTER 6

어댑터 오퍼레이터

오퍼레이터를 처음부터 작성하는 데 필요한 수많은 단계를 고려해보자. 최종 사용자를 위한 인터페이스를 지정하려면 CRD를 작성해야 한다. 쿠버네티스 컨트롤러는 오퍼레이터의 도메인별 로직으로 작성될 뿐만 아니라 적절한 알림을 받기 위해 실행 중인 클러스터에 올바르게 연결돼야 한다. 오퍼레이터가 필요한 용량으로 기능할 수 있도록 역할 및 서비스 계정을 만들어야 한다. 오퍼레이터는 클러스터 내부에서 파드로 실행되므로 이미지와 함께 디플로이먼트 매니페스트를 작성해야 한다.

많은 프로젝트가 이미 애플리케이션 디플로이먼트 및 구성 기술에 투자했다. Helm 프로젝트를 사용하면 형식화된 텍스트 파일로 클러스터 리소스를 정의하고 Helm 명령행 도구를 통해 배포할 수 있다. Ansible은 리소스 그룹을 프로비저닝하고 구성하기 위해 재사용 가능한 스크립트를 작성하는 데 널리 사용되는 자동화 엔진이다. 두 프로젝트 모두 애플리케이션을 위해 오퍼레이터를 사용해 마이그레이션할 리소스가 부족한 다음과 같은 개발자를 대상으로 한다.

오퍼레이터 SDK는 **어댑터 오퍼레이터**^{Adapter Operator}를 통해 이러한 문제점에 대한 솔루션을 제공한다. SDK는 명령행 도구를 통해 오퍼레이터에서 Helm과 Ansible 같은 기술을 실행하는 데 필요한 코드를 생성한다. 이를 통해 필요한 지원 오퍼레이터 코드를 작성할 필요 없이 인프라를 오퍼레이터 모델로 신속하게 마이그레이션할 수 있다. 이를 수행하면 다음과 같은 장점이 있다.

- 기본 기술이 Helm, Ansible 또는 Go인지에 관계없이 CRD를 통해 일관된 인터페이스를 제공한다.
- Helm 및 Ansible 솔루션이 OLM이 제공하는 오퍼레이터 디플로이먼트 및 라이프 사이클 이점을 활용할 수 있다(자세한 내용은 8장 참조).
- OperatorHub.io와 같은 오퍼레이터 저장소에서 해당 솔루션을 호스팅할 수 있다(자세한 내용은 10장 참조).

6장은 SDK를 사용해 5장에서 소개한 방문자 사이트 애플리케이션을 통해 어댑터 오퍼레이터를 구축하고 테스트하는 방법을 보여준다.

사용자 정의 리소스 정의(CRD)

(6장과 7장 모두에서) 오퍼레이터를 구현하는 방법을 설명하기 전에 CRD의 역할을 이해하는 것이 중요하다.

3장에서 설명했듯이, CRD를 사용하면 애플리케이션에 해당하는 도메인별 리소스를 만들 수 있다. 최종 사용자는 표준 쿠버네티스 API를 사용해 이러한 리소스와 상호작용하여 애플리케이션을 배포 및 구성한다. 오퍼레이터는 CR을 많이 사용하고 이러한 객체에 **와치**watch를 사용해 변경사항에 대응한다.

CRD는 CR을 구성하는 스펙이다. 특히 CRD는 허용된 구성값과 리소스의 현재 상태를 설명하는 예상 출력을 정의한다.

6과 7장의 다음 각 예에서 SDK에 의해 새 오퍼레이터 프로젝트가 생성될 때 CRD가 작성된다. SDK는 프로젝트 작성 중 CRD에 대한 두 가지 정보를 사용자에게 보여준다.

- kind는 CRD에 의해 정의된 CR 타입의 이름이다. 이 리소스 타입의 새 인스턴스를 생성할 때 이 값은 파드 또는 서비스를 생성할 때와 유사한 리소스 kind 필드로 사용된다.

- api-version에는 해당 CRD 스키마에 따라 CR을 생성할 때 지정되는 CRD의 그룹 및 버전에 대한 정보가 포함된다. 이 인수의 값은 다음 권장사항과 함께 <group>/<version> 형식으로 지정된다.
  - 그룹은 CRD를 작성하고 유지 관리하는 조직을 식별해야 한다. 예를 들어 EtcdCluster CR의 그룹은 etcd.database.coreos.com이다.
  - 버전은 쿠버네티스 API 버전 관리 규칙(https://oreil.ly/tk1hc)을 따라야 한다. 예를 들어, 이 책을 쓸 당시 EtcdCluster 버전은 v1beta2다.

EtcdCluster 예제를 다시 작성하려면 이 api-version 값이 SDK에 유효하다.

```
--api-version=etcd.database.coreos.com/v1beta2
```

CR의 kind와 api-version은 모든 타입의 오퍼레이터를 만들 때 사용된다.

Helm 오퍼레이터

Helm(https://helm.sh/)은 쿠버네티스의 패키지 매니저다. Helm은 여러 구성요소를 가진 애플리케이션을 좀 더 쉽게 배포할 수 있게 하지만 각 디플로이먼트는 여전히 수동 프로세스다. 많은 Helm 패키지 앱 인스턴스를 배포하는 경우 오퍼레이터를 사용해 디플로이먼트를 자동화하면 편리하다.

Helm의 복잡성은 이 책의 범위를 벗어나므로 자세한 내용은 문서(https://helm.sh/docs/)를 참고하자. 약간의 배경지식만으로도 Helm 오퍼레이터를 이해하는 데 도움이 된다. Helm은 디플로이먼트 및 서비스와 같은 애플리케이션을 구성하는 쿠버네티스 리소스를 **차트**chart라는 파일로 정의한다. 차트는 구성 변수를 지원하므로 차트 자체를 편집하지 않고도 애플리케이션 인스턴스를 사용자 정의할 수 있다. 이 구성값은 values.yaml이라는 파일에 지정된다. Helm 오퍼레이터는 다른 버전의 values.yaml을 사용해 애플리케이션의 각 인스턴스를 배포할 수 있다.

오퍼레이터 SDK는 --type=helm 인수가 전달될 때 Helm 오퍼레이터에 대한 쿠버네티스 컨트롤러 코드를 생성한다. 애플리케이션에 대한 Helm 차트를 제공하면 결과 Helm 오퍼레이터는 해당 타입의 새 CR을 모니터링한다. 이러한 CR 중 하나를 찾으면 리소스에 정의된 값으로 Helm values.yaml 파일을 생성한다. 그런 다음 오퍼레이터는 values.yaml의 설정에 따라 Helm 차트에 지정된 애플리케이션 리소스를 만든다. 애플리케이션의 다른 인스턴스를 구성하려면 해당 인스턴스에 적절한 값을 포함하는 새 CR을 만든다.

SDK는 Helm 기반 오퍼레이터를 구축하는 방법의 두 가지 변형을 제공한다.

- 프로젝트 생성 프로세스는 오퍼레이터 프로젝트 코드 내에 빈 Helm 차트 구조를 구축한다.
- 기존 차트는 오퍼레이터 생성 시 생성되며, 생성 프로세스는 생성된 오퍼레이터를 채우는 데 사용된다.

이후의 절들에서는 이러한 각 접근 방식을 설명한다. 전제 조건으로 시스템에 Helm 명령행 도구를 설치하자. 이 작업에 대한 정보는 Helm의 설치 문서(https://oreil.ly/qpZX0)에서 찾을 수 있다.

오퍼레이터 구축

SDK의 new 명령은 새로운 오퍼레이터를 위한 기본 프로젝트 파일을 만든다. 이 파일에는 요청에 따라 적절한 CR 요청을 처리하기 위해 적절한 Helm 차트를 호출하는 쿠버네티스 컨트롤러에 필요한 모든 코드가 포함되어 있다. 이 절의 뒷부분에서 이러한 파일을 자세히 설명한다.

새 차트 만들기

새 Helm 차트의 뼈대를 사용해 오퍼레이터를 만들려면 --type=helm 인수를 사용하자. 다음 예제는 방문자 사이트 애플리케이션을 위한 Helm 오퍼레이터의 기초를 생성한다(5장 참조).

```
$ OPERATOR_NAME=visitors-helm-operator
$ operator-sdk new $OPERATOR_NAME --api-version=example.com/v1 \
  --kind=VisitorsApp --type=helm
INFO[0000] Creating new Helm operator 'visitors-helm-operator'.
INFO[0000] Created helm-charts/visitorsapp
INFO[0000] Generating RBAC rules
WARN[0000] The RBAC rules generated in deploy/role.yaml are based on
the chart's default manifest. Some rules may be missing for resources
that are only enabled with custom values, and some existing rules may
be overly broad. Double check the rules generated in deploy/role.yaml
to ensure they meet the operator's permission requirements.[1]
INFO[0000] Created build/Dockerfile
INFO[0000] Created watches.yaml
INFO[0000] Created deploy/service_account.yaml
INFO[0000] Created deploy/role.yaml
INFO[0000] Created deploy/role_binding.yaml
INFO[0000] Created deploy/operator.yaml
INFO[0000] Created deploy/crds/example_v1_visitorsapp_crd.yaml
INFO[0000] Created deploy/crds/example_v1_visitorsapp_cr.yaml
INFO[0000] Project creation complete.
```

생성된 오퍼레이터 이름은 visitors-helm-operator다. 다른 두 가지 인수인 --api-version과 --kind는 이 오퍼레이터가 관리하는 CR을 설명한다. 이러한 인수로 인해 새 타입에 대한 기본 CRD가 생성된다.

SDK는 $OPERATOR_NAME과 동일한 이름으로 새 오퍼레이터 디렉토리를 포함하는 새 디렉토리를 생성한다. 주의해야 할 파일과 디렉토리가 있다.

deploy/

이 디렉토리에는 CRD, 오퍼레이터 디플로이먼트 리소스 자체 및 오퍼레이터 실행에 필요한 RBAC 리소스를 포함하여 운영자를 배치하고 구성하는 데 사용되는 쿠버네티스 템플릿 파일이 있다.

---

1   WARN[0000] deploy/role.yaml에 생성된 RBAC 규칙은 차트의 기본 메니페스트를 기반으로 한다. 사용자 정의 값으로만 활성화된 리소스에 대해서는 일부 규칙이 누락될 수 있으며, 일부 기존 규칙은 지나치게 광범위할 수 있다. deploy/role.yaml에서 생성된 규칙을 다시 확인해 오퍼레이터의 권한 요구사항을 충족하는지 확인하자. – 옮긴이

helm-charts/

이 디렉토리에는 CR 종류와 동일한 이름을 가진 Helm 차트의 기본 디렉토리 구조가 포함되어 있다. 디렉토리 내 파일은 values.yaml 파일을 포함하여 새 차트를 초기화할 때 Helm CLI가 작성하는 파일과 유사하다. 오퍼레이터가 관리하는 각각의 새 CR 타입에 대해 이 차트에 새 차트가 추가된다.

watches.yaml

이 파일은 각 CR 타입을 처리하는 데 사용되는 특정 Helm 차트에 각 CR 타입을 매핑한다.

이 시점에서 차트 구현을 시작하기 위한 모든 것이 준비됐다. 그러나 이미 차트를 작성했다면 더 쉬운 방법이 있다.

기존 차트 사용

기존의 Helm 차트에서 오퍼레이터를 작성하는 프로세스는 새 차트를 사용해 오퍼레이터를 작성하는 프로세스와 유사하다. --type=helm 인수 외에도 고려해야 할 추가 인수가 있다.

--helm-chart

SDK에 기존 차트를 사용해 오퍼레이터를 초기화하도록 지시한다. 값은 다음과 같다.

- 차트 아카이브를 위한 URL
- 원격 차트의 저장소 및 이름
- 로컬 디렉토리의 위치

--helm-chart-repo

(로컬 디렉토리가 달리 지정되지 않은 경우) 차트의 원격 저장소 URL을 지정한다.

--helm-chart-version

SDK가 특정 버전의 차트를 가져오도록 지시한다. 이를 생략하면 사용 가능한 최신 버전이 사용된다.

--helm-chart 인수를 사용할 때 --api-version 및 --kind 인수는 선택사항이다. api-version은 기본적으로 charts.helm.k8s.io/v1alpha1이며, kind 이름은 차트 이름에서 파생된다. 그러나 API 버전에는 CR 작성자에 대한 정보가 포함되어 있으므로 이러한 값을 명시적으로 채우는 것이 좋다. 이 책의 깃허브 저장소(https://github.com/kubernetes-operators-book/chapters/tree/master/ch06/visitors-helm)에서 방문자 사이트 애플리케이션을 배포하기 위한 Helm 차트의 예를 찾을 수 있다.

다음 예제는 방문자 사이트 Helm 차트의 아카이브를 사용해 오퍼레이터를 구축하고 초기화하는 방법을 보여준다.

```
$ OPERATOR_NAME=visitors-helm-operator
$ wget https://github.com/kubernetes-operators-book/\
  chapters/releases/download/1.0.0/visitors-helm.tgz ❶
$ operator-sdk new $OPERATOR_NAME --api-version=example.com/v1 \
  --kind=VisitorsApp --type=helm --helm-chart=./visitors-helm.tgz
INFO[0000] Creating new Helm operator 'visitors-helm-operator'.
INFO[0000] Created helm-charts/visitors-helm
INFO[0000] Generating RBAC rules
WARN[0000] The RBAC rules generated in deploy/role.yaml are based on
the chart's default manifest. Some rules may be missing for resources
that are only enabled with custom values, and some existing rules may
be overly broad. Double check the rules generated in deploy/role.yaml
to ensure they meet the operator's permission requirements.
INFO[0000] Created build/Dockerfile
INFO[0000] Created watches.yaml
INFO[0000] Created deploy/service_account.yaml
INFO[0000] Created deploy/role.yaml
INFO[0000] Created deploy/role_binding.yaml
INFO[0000] Created deploy/operator.yaml
INFO[0000] Created deploy/crds/example_v1_visitorsapp_crd.yaml
INFO[0000] Created deploy/crds/example_v1_visitorsapp_cr.yaml
INFO[0000] Project creation complete.
```

❶ 오퍼레이터 SDK가 리다이렉션을 처리하는 방식에 문제가 있으므로 차트 타르볼 tarball을 수동으로 다운로드하여 로컬 참조로 전달해야 한다.

앞의 예는 새 Helm 차트를 사용해 오퍼레이터를 만드는 경우와 동일한 파일을 생성하지만, 차트 파일이 지정된 아카이브에서 채워진다는 점은 예외다.

```
$ ls -l $OPERATOR_NAME/helm-charts/visitors-helm/templates _helpers.tpl
auth.yaml
backend-deployment.yaml
backend-service.yaml
frontend-deployment.yaml
frontend-service.yaml
mysql-deployment.yaml
mysql-service.yaml
tests
```

SDK는 차트의 values.yaml 파일에 있는 값을 사용해 예제 CR 템플릿을 채운다. 예를 들어, 방문자 사이트 Helm 차트에는 다음 values.yaml 파일이 있다.

```
$ cat $OPERATOR_NAME/helm-charts/visitors-helm/values.yaml
backend:
  size: 1

frontend:
  title: Helm Installed Visitors Site
```

오퍼레이터 프로젝트 루트 디렉토리의 deploy/crds 디렉토리에 있는 SDK에 의해 생성된 CR은 spec 섹션의 값과 동일한 값을 포함한다.

```
$ cat $OPERATOR_NAME/deploy/crds/example_v1_visitorsapp_cr.yaml
apiVersion: example.com/v1
kind: VisitorsApp
metadata:
  name: example-visitorsapp
spec:
  # <proj_dir>/helm-charts/visitors-helm/values.yaml에서 복사한 기본값
```

```
backend:
  size: 1

frontend:
  title: Helm Installed Visitors Site
```

차트를 실행하기 전에 오퍼레이터는 사용자 정의 리소스의 spec 필드에 있는 값을 values.
yaml 파일에 매핑한다.

CRD에 대한 설명

생성된 CRD는 CR 타입의 값 입력 및 상태 값에 대한 구체적인 세부 정보를 포함하지 않
는다. 부록 B에서는 CR 정의를 마치기 위해 수행해야 하는 단계를 설명한다.

오퍼레이터 권한 검토

생성된 디플로이먼트 파일에는 오퍼레이터가 쿠버네티스 API에 연결하는 데 사용할 역할이
포함된다. 기본적으로, 이 역할은 극단적으로 관대하다. 부록 C에서는 오퍼레이터의 권한을
제한하기 위해 역할 정의를 미세 조정하는 방법을 설명한다.

Helm 오퍼레이터 실행

오퍼레이터는 일반 컨테이너 이미지로 제공된다. 그러나 개발 및 테스트 주기 동안 이미지
생성 프로세스를 건너뛰고 클러스터 외부에서 오퍼레이터를 실행하는 편이 더 쉬운 경우가
많다. 이 절에서는 이러한 단계를 설명한다(클러스터 내부에서 디플로이먼트로 운영자를 실행하는
방법에 대한 자세한 내용은 부록 A를 참조하라). 오퍼레이터 프로젝트 루트 디렉토리에서 여기의
모든 명령을 실행하자.

1. 로컬 와치 파일을 생성한다. 생성된 watches.yaml 파일은 Helm 차트가 있는 특정 경로를 참조한다. 이 경로는 배포된 오퍼레이터 시나리오에서 의미가 있다. 이미지 생성 프로세스는 차트를 필요한 위치로 복사한다. 클러스터 밖에서 오퍼레이터를 실행할 때 이 watches.yaml 파일이 계속 필요하므로 해당 위치에서 차트를 찾을 수 있는지 수동으로 확인해야 한다.

   가장 간단한 방법은 오퍼레이터 프로젝트의 루트에 있는 기존 watches.yaml 파일을 복사하는 것이다.

   ```
   $ cp watches.yaml local-watches.yaml
   ```

   local−watches.yaml 파일에서 chart 필드를 편집해 컴퓨터에서 차트의 전체 경로를 포함하자. 로컬 와치 파일의 이름을 기억해두자. 나중에 오퍼레이터 프로세스를 시작할 때 필요하다.

2. kubectl 명령을 사용해 클러스터에서 CRD를 작성하자.

   ```
   $ kubectl apply -f deploy/crds/*_crd.yaml
   ```

3. CRD 작성을 완료하면 다음 SDK 명령을 사용해 오퍼레이터를 시작하자.

   ```
   $ operator-sdk up local --watches-file ./local-watches.yaml
   INFO[0000] Running the operator locally.
   INFO[0000] Using namespace default. ❶
   ```

   ❶ 오퍼레이터 로그 메시지는 프로세스가 시작될 때와 CR 요청을 받을 때 실행 중인 프로세스에 나타난다.

이 명령은 클러스터 내에서 파드로 배포한 경우 오퍼레이터와 동일한 방식으로 작동하는 프로세스를 시작하고 실행한다(106페이지의 '오퍼레이터 테스트' 절에서 테스트에 대해 자세히 설명한다).

Ansible 오퍼레이터

Ansible(https://www.ansible.com/)은 일반적으로 실행되는 작업의 프로비저닝 및 구성을 자동화하기 위해 널리 사용되는 관리 도구다. Helm 차트와 유사하게 Ansible **플레이북**playbook은 일련의 서버에서 실행되는 일련의 **작업**task을 정의한다. 사용자 정의 기능을 통해 Ansible을 확장하는 재사용 가능한 역할을 사용해 플레이북의 작업 세트를 향상할 수 있다.

유용한 역할 모음 중 하나인 k8s(https://oreil.ly/1ckgw)는 쿠버네티스 클러스터와 상호작용하기 위한 작업을 제공한다. 이 모듈을 사용하면 필요한 모든 지원 쿠버네티스 리소스를 포함하여 애플리케이션 디플로이먼트를 처리하는 플레이북을 작성할 수 있다.

오퍼레이터 SDK는 Ansible 플레이북을 실행해 CR 변경에 반응하는 오퍼레이터를 구축하는 방법을 제공한다. SDK는 컨트롤러 같은 쿠버네티스 조각의 코드를 제공하므로 플레이북 자체 작성에 집중할 수 있다.

오퍼레이터 구축

Helm 지원과 마찬가지로 오퍼레이터 SDK는 프로젝트 스켈레톤을 생성한다. --type=ansible 인수로 실행하면 프로젝트 스켈레톤에는 빈 Ansible 역할의 구조가 포함된다. 역할의 이름은 특정 CR 타입 이름에서 파생된다.

다음 예제는 방문자 사이트 애플리케이션의 CR을 정의하는 Ansible 오퍼레이터를 작성하는 방법을 보여준다.

```
$ OPERATOR_NAME=visitors-ansible-operator
$ operator-sdk new $OPERATOR_NAME --api-version=example.com/v1 \
  --kind=VisitorsApp --type=ansible
INFO[0000] Creating new Ansible operator 'visitors-ansible-operator'.
INFO[0000] Created deploy/service_account.yaml
INFO[0000] Created deploy/role.yaml
INFO[0000] Created deploy/role_binding.yaml
```

```
INFO[0000] Created deploy/crds/example_v1_visitorsapp_crd.yaml
INFO[0000] Created deploy/crds/example_v1_visitorsapp_cr.yaml
INFO[0000] Created build/Dockerfile
INFO[0000] Created roles/visitorsapp/README.md
INFO[0000] Created roles/visitorsapp/meta/main.yml
INFO[0000] Created roles/visitorsapp/files/.placeholder
INFO[0000] Created roles/visitorsapp/templates/.placeholder
INFO[0000] Created roles/visitorsapp/vars/main.yml
INFO[0000] Created molecule/test-local/playbook.yml
INFO[0000] Created roles/visitorsapp/defaults/main.yml
INFO[0000] Created roles/visitorsapp/tasks/main.yml
INFO[0000] Created molecule/default/molecule.yml
INFO[0000] Created build/test-framework/Dockerfile
INFO[0000] Created molecule/test-cluster/molecule.yml
INFO[0000] Created molecule/default/prepare.yml
INFO[0000] Created molecule/default/playbook.yml
INFO[0000] Created build/test-framework/ansible-test.sh
INFO[0000] Created molecule/default/asserts.yml
INFO[0000] Created molecule/test-cluster/playbook.yml
INFO[0000] Created roles/visitorsapp/handlers/main.yml
INFO[0000] Created watches.yaml
INFO[0000] Created deploy/operator.yaml
INFO[0000] Created .travis.yml
INFO[0000] Created molecule/test-local/molecule.yml
INFO[0000] Created molecule/test-local/prepare.yml
INFO[0000] Project creation complete
```

이 명령은 Helm 오퍼레이터 예제와 유사한 디렉토리 구조를 생성한다. SDK는 CRD 및 디플로이먼트 템플릿을 포함하여 동일한 파일 집합이 포함된 deploy 디렉토리를 만든다.

Helm 오퍼레이터와는 주목할 만한 차이점이 있다.

watches.yaml

- 이것의 목적은 Helm 오퍼레이터와 동일하다. 이 파일이 해석될 때 CR 타입이 실제 파일 위치에 매핑된다. Ansible 오퍼레이터는 두 가지 타입의 파일을 지원한다(이러한 필드는 상호 배타적이다).

- role 필드가 포함된 경우 리소스 조정 중에 실행되는 Ansible 역할의 디렉터리를 가리켜야 한다.
- playbook 필드가 포함되어 있으면 실행될 플레이북 파일을 가리켜야 한다.
- SDK는 생성 중에 생성한 역할을 가리키도록 이 파일의 기본값을 설정한다.

roles/

- 이 디렉터리에는 오퍼레이터가 실행할 수 있는 모든 Ansible 역할이 포함되어 있다. SDK는 프로젝트가 작성될 때 새 역할의 기본 파일을 생성한다.
- 오퍼레이터가 여러 CR 타입을 관리하는 경우 이 디렉터리에 여러 역할이 추가된다. 또한 각 타입에 대한 항목과 관련 역할이 와치 파일에 추가된다.

다음으로 CR에 대한 Ansible 역할을 구현한다. 역할의 세부 사항은 애플리케이션에 따라 다르다. 일부 일반적인 작업에는 애플리케이션 컨테이너를 실행하기 위한 디플로이먼트 및 서비스 생성이 포함된다. Ansible 역할 작성에 관한 자세한 내용은 Ansible 문서(https://oreil.ly/bLd5g)를 참조하자.

이 책의 깃허브 저장소(https://github.com/kubernetes-operators-book/chapters/tree/master/ch06/ansible/visitors)에서 방문자 사이트를 배포하기 위한 Ansible 역할을 찾을 수 있다. 예제 애플리케이션을 따라가면서 간단하게 역할 파일을 릴리스로 사용할 수 있다. 이전 오퍼레이터 작성 명령과 유사하게 다음을 사용해 방문자 사이트 역할을 추가할 수 있다.

```
$ cd $OPERATOR_NAME/roles/visitorsapp
$ wget https://github.com/kubernetes-operators-book/\
  chapters/releases/download/1.0.0/visitors-ansible.tgz
$ tar -zxvf visitors-ansible.tgz ❶
$ rm visitors-ansible.tgz
```

❶ 이 명령은 기본 생성된 역할 파일을 방문자 사이트 역할을 실행하는 데 필요한 파일로 덮어쓴다.

이 책에서는 Ansible 역할 작성에 대해서는 다루지 않지만 사용자가 입력한 구성값이 Ansible 역할로 전파되는 방식을 이해하는 것이 중요하다.

Helm 오퍼레이터와 마찬가지로 구성값은 CR의 spec 섹션에서 가져온다. 그러나 플레이 북과 역할 내에서 Ansible의 표준 {{ variable_name }} 구문이 사용된다. 쿠버네티스의 필드 이름은 일반적으로 카멜 케이스(예: camelCase)를 사용하므로 Ansible 오퍼레이터는 매개변수를 Ansible 역할에 전달하기 전에 각 필드의 이름을 스네이크 케이스(예: snake_case)로 변환한다. 즉, 필드 이름 serviceAccount는 service_account로 변환된다. 이를 통해 표준 Ansible 규칙을 사용해 기존 역할을 재사용할 수 있으며 쿠버네티스 리소스 규칙도 준수할 수 있다. 이 책의 깃허브 저장소(https://github.com/kubernetes-operators-book/chapters/tree/master/ch06/ansible)에서 방문자 사이트를 배포하는 Ansible 역할의 소스를 찾을 수 있다.

CRD에 대한 설명

Helm 오퍼레이터와 마찬가지로 생성된 CRD를 확장해 CR의 세부 사항을 포함해야 한다. 자세한 내용은 부록 B를 참조하자.

오퍼레이터 권한 검토

Ansible 오퍼레이터에는 오퍼레이터가 쿠버네티스 API에 연결하는 데 사용하는 생성된 역할도 포함된다. 기본 권한 수정에 관한 자세한 내용은 부록 C를 참조하자.

Ansible 오퍼레이터 실행

Helm 오퍼레이터와 마찬가지로 Ansible 오퍼레이터를 테스트하고 디버깅하는 가장 쉬운 방법은 이미지를 작성하고 푸시하는 단계를 피하면서 클러스터 외부에서 실행하는 것이다.

그러나 이 작업을 수행하기 전에 몇 가지 추가 단계를 수행해야 한다.

1. 먼저 오퍼레이터를 실행하는 컴퓨터에 Ansible을 설치하자. 로컬 OS에 Ansible을 설치하는 방법에 관한 자세한 내용은 Ansible 문서(https://oreil.ly/9yZRC)를 참조하자.

2. 다음을 포함하여 추가 Ansible 관련 패키지도 설치해야 한다(설치에 관한 자세한 내용은 문서를 참조하자).

   - Ansible Runner(https://oreil.ly/lHDCe)
   - Ansible Runner HTTP Event Emitter(https://oreil.ly/N6ebi)

3. Helm 오퍼레이터와 마찬가지로 SDK에서 생성한 watches.yaml 파일은 Ansible 역할에 대한 특정 디렉토리를 나타낸다. 와치 파일을 복사하고 필요에 따라 수정한다. 다시 오퍼레이터 프로젝트 루트 디렉토리에서 다음 명령을 실행하자.

```
$ cp watches.yaml local-watches.yaml
```

   local-watches.yaml 파일에서 시스템의 디렉토리 구조를 반영하도록 role 필드를 변경하자.

4. kubectl 명령을 사용해 클러스터에서 CRD를 작성하자.

```
$ kubectl apply -f deploy/crds/*_crd.yaml
```

5. CRD가 클러스터에 배포되면 SDK를 사용해 오퍼레이터를 실행하자.

```
$ operator-sdk up local --watches-file ./local-watches.yaml
INFO[0000] Running the operator locally.
INFO[0000] Using namespace default. ❶
```

   ❶ 오퍼레이터 로그 메시지는 프로세스가 시작될 때와 CR 요청을 받을 때 실행 중인 프로세스에 나타난다.

이 명령은 클러스터 내에서 파드로 배포된 경우 오퍼레이터와 같이 작동하는 실행 중인 프로세스를 시작한다.

이제 오퍼레이터를 테스트하는 방법의 단계를 살펴본다.

오퍼레이터 테스트

CR을 배치하여 동일한 접근 방식을 사용해 두 어댑터 오퍼레이터를 모두 테스트할 수 있다. 쿠버네티스는 오퍼레이터에게 CR을 통지하고 기본 파일(Helm 차트 또는 Ansible 역할)을 실행한다. SDK를 통해 deploy/crds 디렉토리에 사용 가능한 샘플 CR 템플릿을 생성하거나, 사용자가 수동으로 직접 작성할 수 있다.

6장에서 설명한 두 가지 타입의 오퍼레이터를 테스트하려면 다음 단계를 따르자.

1. CR과 관련된 값을 사용해 예제 CR 템플릿의 spec 섹션(방문자 사이트 예제에서의 이름은 example_v1_visitorsapp_cr.yaml)을 편집하자.
2. 쿠버네티스 CLI를 사용해 오퍼레이터 프로젝트 루트 디렉토리에 리소스를 만든다.

```
$ kubectl apply -f deploy/crds/*_cr.yaml
```

오퍼레이터에 대한 출력은 operator-sdk up local 명령을 실행한 동일한 터미널에 나타난다. 테스트가 완료되면 Ctrl+C를 눌러 실행 중인 프로세스를 종료하자.

3. 5장에 설명된 대로 방문자 사이트로 이동해 애플리케이션이 예상대로 작동하는지 확인하자.
4. 테스트가 완료되면 kubectl delete 명령을 사용해 CR을 삭제하자.

```
$ kubectl delete -f deploy/crds/*_cr.yaml
```

개발 중에 이 프로세스를 반복해 변경사항을 테스트하자. 반복할 때마다 오퍼레이터 프로세스를 다시 시작해 Helm 또는 Ansible 파일에 대한 변경사항을 모두 선택하자.

요약

오퍼레이터를 작성하기 위해 프로그래머가 될 필요는 없다. 오퍼레이터 SDK는 Helm 및 Ansible이라는 두 가지 기존 프로비저닝 및 구성 기술을 오퍼레이터로 패키징할 수 있다. 또한 SDK는 클러스터 외부에서 오퍼레이터를 실행해, 시간이 많이 걸리는 이미지 작성 및 호스팅 단계를 건너뛰어 변경사항을 신속하게 테스트하고 디버깅하는 방법을 제공한다.

7장에서는 Go 언어를 사용해 오퍼레이터를 좀 더 강력하고 유연하게 구현하는 방법을 살펴본다.

관련 리소스

- Helm(https://helm.sh/)
- Ansible(https://www.ansible.com/)
- 오퍼레이터 예제(https://oreil.ly/KbPFs)

오퍼레이터 SDK를 사용해 Go로 만드는 오퍼레이터

Helm 및 Ansible 오퍼레이터는 빠르고 쉽게 만들 수 있지만 그 기능은 궁극적으로 기반 기술에 제약을 받는다. 애플리케이션이나 클러스터 전체적으로 특정 변경사항을 동적으로 적용하는 것과 같은 더 복잡한 기능을 지원하기 위해서는 좀 더 유연한 솔루션이 필요하다.

오퍼레이터 SDK는 개발자가 외부 라이브러리 생태계를 포함하여 Go 프로그래밍 언어를 오퍼레이터에서 쉽게 사용할 수 있게 해 유연성을 제공한다.

Helm 또는 Ansible 오퍼레이터보다 더 많은 절차가 있으므로, 고수준에서 각 단계들을 정리하는 것이 좋다.

1. 쿠버네티스에 연결하는 코드와 오퍼레이터를 컨트롤러로 동작하게 하는 데 필요한 코드를 생성한다.
2. 하나 이상의 CRD를 작성해 애플리케이션의 기본 비즈니스 로직을 모델로 생성하고 이 모델과 상호작용할 수 있도록 API를 제공한다.
3. 각 리소스의 라이프사이클을 관리할 수 있도록 CRD에 대한 컨트롤러를 개발한다.
4. 오퍼레이터를 이미지로 만들고, 오퍼레이터와 RBAC 구성요소(서비스 계정, 역할 등) 배포를 위한 쿠버네티스 매니페스트들을 작성한다.

이러한 모든 부분을 수동으로도 작성할 수 있지만, 오퍼레이터 SDK가 많은 부분의 지원 코드를 생성해주므로 개발자는 오퍼레이터의 비지니스 로직 개발에 집중할 수 있다.

7장에서는 오퍼레이터 SDK를 사용해 Go 기반 오퍼레이터 구현을 위한 프로젝트 스켈레톤을 생성할 것이다(SDK 설치는 4장 참조). 파일들이 자동 생성되면 그중에서 애플리케이션 로직을 위해 수정이 필요한 부분을 확인하고 오퍼레이터 개발을 위한 일반적인 방법을 설명할 것이다. 이후, 오퍼레이터가 준비되면 테스트와 디버깅을 위해 개발 모드로 실행할 것이다.

오퍼레이터 초기화

오퍼레이터는 Go로 작성되어 있으므로 만들어지는 프로젝트의 스켈레톤도 해당 언어의 규칙을 준수해야 한다. 특히 오퍼레이터 코드는 해당 환경의 $GOPATH에 위치해야 한다. 자세한 내용은 GOPATH 문서(https://oreil.ly/2PU_Q)를 참조한다.

SDK의 new 명령은 오퍼레이터에 필요한 기반 파일을 생성한다. 특정 오퍼레이터의 타입을 정의하지 않는다면 new 명령은 Go 기반 오퍼레이터 프로젝트를 생성한다.

```
$ OPERATOR_NAME=visitors-operator
$ operator-sdk new $OPERATOR_NAME
INFO[0000] Creating new Go operator 'visitors-operator'.
INFO[0000] Created go.mod
INFO[0000] Created tools.go
INFO[0000] Created cmd/manager/main.go
INFO[0000] Created build/Dockerfile
INFO[0000] Created build/bin/entrypoint
INFO[0000] Created build/bin/user_setup
INFO[0000] Created deploy/service_account.yaml
INFO[0000] Created deploy/role.yaml
INFO[0000] Created deploy/role_binding.yaml
INFO[0000] Created deploy/operator.yaml
INFO[0000] Created pkg/apis/apis.go
```

```
INFO[0000] Created pkg/controller/controller.go
INFO[0000] Created version/version.go
INFO[0000] Created .gitignore
INFO[0000] Validating project
[...] ❶
```

❶ 결과물은 가독성을 위해 나뉘어 출력된다. Go 의존성 파일들^{dependecies}이 다운로드 되므로 생성 과정에 수 분이 소요될 수 있다. 이러한 의존성 파일들의 세부 내역은 출력 창에 나타난다.

SDK는 $OPERATOR_NAME과 동일한 이름으로 새 디렉토리를 만든다. 생성 프로세스는 오퍼레이터가 사용할 수백 개의 파일을 생성하는데, 자동 생성되는 파일과 vendor 파일을 모두 포함하고 있다. 다행히, 자동 생성된 파일 중 대부분은 편집할 필요가 없다. 113페이지의 '사용자 정의 리소스 정의' 절에서는 오퍼레이터에 대한 사용자 정의 로직을 수행하는 데 필요한 파일을 생성하는 방법을 설명할 것이다.

오퍼레이터의 리소스 관리 범위

가장 먼저 오퍼레이터의 리소스 관리 범위를 지정해야 한다. 여기에 두 가지 옵션이 있다.

Namespaced

    오퍼레이터가 단일 네임스페이스의 리소스를 관리한다.

Cluster

    오퍼레이터가 전체 클러스터에 걸쳐 리소스를 관리한다.

SDK는 기본적으로 네임스페이스 범위에서 리소스를 관리하도록 오퍼레이터를 만든다.

많은 경우에 네임스페이스 범위의 리소스를 관리하는 것이 적합하지만, SDK를 통해 생성된 오퍼레이터의 리소스 관리 범위를 클러스터로 변경할 수도 있다. 오퍼레이터의 관리 범위를 클러스터 전체로 하려면 다음의 절차를 따른다.

deploy/operator.yaml

- `WATCH_NAMESPACE` 변수의 값을 ""로 변경: 오퍼레이터는 파드가 배포된 네임스페이스 뿐만 아니라 모든 네임스페이스의 리소스를 관리할 수 있게 된다.

deploy/role.yaml

- `kind` 항목을 `Role`에서 `ClusterRole`로 변경: 오퍼레이터 파드가 설치된 네임스페이스를 벗어나 전체 클러스터에 접근 가능하도록 권한을 부여한다.

deploy/role_binding.yaml

- `kind` 항목을 `RoleBinding`에서 `ClusterRoleBinding`으로 변경
- `roleRef` 항목에서 `kind` 항목을 `ClusterRole`로 변경
- `subjects` 항목 아래에서 오퍼레이터 파드가 배포된 네임스페이스값으로 `namespace` 추가

부가적으로, 클러스터 범위임을 나타내려면 생성된 CRD(다음 절에서 설명)를 변경해야 한다.

- CRD 파일의 spec 섹션에서 scope 필드를 기본값인 `Namespaced` 대신 `Cluster`로 변경
- CRD의 _types.go 파일에서 CR에 대한 구조체 위에 `// +genclient:nonNamespaced` 태그를 추가(이는 생성 시 사용한 kind 필드와 이름이 동일함). 이렇게 하면 CRD를 새로 고치기 위해 나중에 오퍼레이터 SDK를 호출해도 값이 원래 값으로 재설정되지 않는다.

예를 들어, `VisitorsApp` 구조체의 다음 수정사항은 클러스터 범위임을 표시한다.

```
// +k8s:deepcopy-gen:interfaces=k8s.io/apimachinery/pkg/runtime.Object
```

```
// VisitorsApp은 visitorsapps API의 스키마다.
```

```
// +k8s:openapi-gen=true
// +kubebuilder:subresource:status
// +genclient:nonNamespaced ❶
type VisitorsApp struct {
```

❶ 태그는 리소스 타입 구조체를 선언하기 전에 준비돼야 한다.

사용자 정의 리소스 정의

6장에서는 오퍼레이터를 만들 때의 CRD 역할에 대해 설명했다. SDK의 add api 명령을 사용하면 오퍼레이터에게 새로운 CRD를 추가할 수 있다. 오퍼레이터 프로젝트의 루트 디렉토리에서 이 명령을 실행해 이 책에서 사용하는 예제인 방문자 사이트에 대한 CRD를 생성한다(데모용으로 임의로 'example.com' 사용).

```
$ operator-sdk add api --api-version=example.com/v1 --kind=VisitorsApp
INFO[0000] Generating api version example.com/v1 for kind VisitorsApp.
INFO[0000] Created pkg/apis/example/group.go
INFO[0000] Created pkg/apis/example/v1/visitorsapp_types.go
INFO[0000] Created pkg/apis/addtoscheme_example_v1.go
INFO[0000] Created pkg/apis/example/v1/register.go
INFO[0000] Created pkg/apis/example/v1/doc.go
INFO[0000] Created deploy/crds/example_v1_visitorsapp_cr.yaml
INFO[0001] Created deploy/crds/example_v1_visitorsapp_crd.yaml
INFO[0001] Running deepcopy code-generation for Custom Resource group versions:
  [example:[v1], ]
INFO[0001] Code-generation complete.
INFO[0001] Running OpenAPI code-generation for Custom Resource group versions:
  [example:[v1], ]
INFO[0003] Created deploy/crds/example_v1_visitorsapp_crd.yaml
INFO[0003] Code-generation complete.
INFO[0003] API generation complete.
```

이 명령은 많은 파일을 생성한다. 다음 목록에서 api-version과 CR의 타입 이름(kind)이 생성되는 이름에 어떻게 반영되는지 확인하자(파일 경로는 오퍼레이터 프로젝트 루트에 상대경로).

deploy/crds/example_v1_visitorsapp-cr.yaml

이것은 생성된 타입에 대한 사용자 정의 리소스[CR] 예시다. 리소스의 이름뿐만 아니라 적절한 api-version 및 kind가 미리 지정되어 있다. 생성한 CRD와 관련된 값으로 spec 섹션을 작성해야 한다.

deploy/crds/example_v1_visitorsapp_crd.yaml

CRD 매니페스트의 시작 파일이다. SDK는 리소스 타입 이름과 관련된 많은 필드(예: 복수 및 목록 변형)를 생성하지만 리소스 타입에 맞는 사용자 정의 필드를 추가해야 한다. 부록 B에서는 이 파일에 필요한 내용을 넣는 방법을 자세히 설명한다.

pkg/apis/example/v1/visitorsapp_types.go

이 파일에는 오퍼레이터의 코드베이스가 활용하는 많은 구조체 객체가 포함되어 있다. 자동 생성된 많은 Go 파일과는 달리, 이 파일은 편집하도록 생성됐다.

add api 명령은 적절한 스켈레톤 코드를 생성하지만, 리소스 타입을 사용하기 전에 새로운 리소스를 생성할 때 지정된 구성값들을 정의해야 한다. 또한 CR이 상태를 보고할 때 사용할 필드에 대한 설명을 추가해야 한다. 이러한 값 집합을 정의 템플릿 자체와 Go 객체에 추가한다. 다음 두 절에서는 각 단계를 자세히 설명한다.

Go 타입 정의

*_types.go 파일(이 예에서는 visitersapp_types.go)에는 수정해야 할 2개의 구조체 객체가 있다.

- 스펙 객체(이 예에서는 VisitorsAppSpec)에는 해당 타입의 리소스에 대해 지정될 수 있는 모든 구성값이 포함돼야 한다. 각 구성값은 다음과 같이 구성된다.
  - 오퍼레이터 코드 내에서 참조될 변수의 이름(Go 규약을 따르고 언어 가시성을 위해 대문자로 시작)

- 변수의 Go 타입
- CR에 지정될 필드의 이름(즉, JSON 또는 YAML 매니페스트 사용자가 리소스를 만들기 위해 작성한다.)

- 상태 객체(이 예에서는 `VisitorsAppStatus`)는 오퍼레이터가 사용자 리소스의 상태를 전달하기 위해 설정할 수 있는 모든 가능한 값을 포함해야 한다. 각 값은 다음과 같다.
  - 오퍼레이터 코드 내에서 참조될 변수의 이름(Go 규약을 따르고 가시성 목적으로 대문자로 시작)
  - 변수의 Go 타입
  - 사용자 정의 리소스 설명에 표시될 필드 이름(예: `-o yaml` 플래그를 사용해 리소스를 가져올 때)

방문자 사이트 예제에서는 VisitorsApp 사용자 정의 리소스에 다음 값을 지원한다.

Size

생성해야 할 백엔드 복제본 수

Title

프론트엔드 웹 페이지에 표시할 텍스트

애플리케이션을 구성하는 각기 다른 파드에서 이 값을 사용하고 있음에도 불구하고 단일 CRD에 해당 값을 포함하고 있음을 인지해야 한다. 최종 사용자의 관점에서 보면 이러한 값들이 전체 애플리케이션의 특징이다. 이 값들의 사용 방법을 결정하는 것이 오퍼레이터의 역할이다.

VisitorsApp 사용자 정의 리소스는 각 리소스의 상태에 다음 값들을 사용한다.

BackendImage

백엔드 파드를 배포하는 데 사용된 이미지와 버전을 표기

FrontendImage

프론트엔드 파드를 배치하는 데 사용된 이미지와 버전을 표기

visitorsapp_types.go 파일의 다음 코드는 이러한 추가 사항을 보여준다.

```
type VisitorsAppSpec struct {
  Size          int32  `json:"size"`
  Title         string `json:"title"`
}

type VisitorsAppStatus struct {
  BackendImage   string `json:"backendImage"`
  FrontendImage string `json:"frontendImage"`
}
```

visitersapp_types.go 파일의 나머지 부분은 더 이상 변경하지 않아도 된다.

*_types.go 파일을 변경한 후에는 프로젝트의 루트 디렉토리에서 SDK의 generate 명령을 사용해 이러한 객체들과 함께 동작할 자동 생성 코드를 업데이트해야 한다.

```
$ operator-sdk generate k8s
INFO[0000] Running deepcopy code-generation for Custom Resource
group versions: [example:[v1], ]
INFO[0000] Code-generation complete.
```

CRD 매니페스트

타입 파일에 대한 추가는 오퍼레이터 코드 내에서 유용하지만, 리소스를 생성하는 최종 사용자에게는 어떠한 설명도 제공하지 않는다. 이러한 추가 사항은 CRD 자체에 적용된다.

타입 파일과 마찬가지로 CRD의 spec 및 status 섹션에 추가돼야 한다. 부록 B에서는 이러한 섹션을 편집하는 과정을 설명한다.

오퍼레이터 권한

오퍼레이터 SDK는 CRD 생성뿐만 아니라 오퍼레이터의 실행을 위한 RBAC 리소스를 생성한다. 자동 생성된 역할은 기본적으로 대부분의 권한을 허용하므로 오퍼레이터를 상용 환경에 배치하기 전에는 부여된 권한을 세분화해야 한다. 부록 C에서는 모든 RBAC 관련 파일을 설명하고 운영자에게 적절한 권한을 지정하는 방법을 설명한다.

컨트롤러

Go의 CRD 및 관련 타입 파일은 사용자가 요청할 API를 정의한다. 오퍼레이터 파드 내부에는 사용자 정의 리소스의 변경을 감지하고 이에 따라 대응하는 컨트롤러가 필요하다.

CRD를 추가하는 것과 마찬가지로 SDK를 사용해 컨트롤러의 스켈레톤 코드를 생성한다. 이전에 생성된 리소스 정의의 api-version과 kind를 사용해 컨트롤러의 대상 범위를 해당 타입으로 지정한다. 다음 명령을 통해 방문자 사이트 예제를 계속하자.

```
$ operator-sdk add controller --api-version=example.com/v1 --kind=VisitorsApp
INFO[0000] Generating controller version example.com/v1 for kind VisitorsApp.
INFO[0000] Created pkg/controller/visitorsapp/visitorsapp_controller.go ❶
INFO[0000] Created pkg/controller/add_visitorsapp.go
INFO[0000] Controller generation complete.
```

❶ 이 파일의 이름에 주목하자. 이 파일은 오퍼레이터의 사용자 로직을 구현할 쿠버네티스 컨트롤러를 포함하고 있다.

CRD와 마찬가지로 이 명령도 많은 파일을 생성한다. 컨트롤러 파일이 특히 중요한데, 이 파일의 위치와 이름은 관련 kind에 따라 결정된다. 생성된 그 밖의 파일들은 수동으로 수정할 필요가 없다.

컨트롤러는 특정 리소스에 대해서만 조정 기능을 수행한다. 단일 조정 작업의 개념은 쿠버네티스가 따르는 선언적 모델과 일치한다. 추가, 삭제, 업데이트와 같은 이벤트를 명시적으로 처리하는 대신, 컨트롤러는 해당 리소스의 현재 상태를 전달받는다. 리소스에 기술된 목표 상태를 반영하는 것이 컨트롤러의 역할이다. 쿠버네티스 컨트롤러에 대한 자세한 내용은 공식 문서(https://oreil.ly/E_hau)를 참조한다.

조정 로직 외에도 컨트롤러는 하나 이상의 와치를 설정해야 한다. 와치는 모니터링 설정된 리소스에 변경이 있을 때마다 쿠버네티스가 컨트롤러를 호출하게 한다. 오퍼레이터 로직의 대부분이 컨트롤러의 Reconcile 함수에 작성되는 반면, add 함수는 조정 이벤트를 발생시킬 와치를 설정한다. SDK는 생성된 컨트롤러에 2개의 와치를 추가한다.

첫 번째 와치는 컨트롤러가 모니터링하는 기본 리소스의 변경사항을 모니터링한다. SDK는 컨트롤러를 처음 생성할 때 사용된 kind 변수와 동일한 타입의 리소스에 대해 와치를 생성한다. 대부분의 경우 이를 변경할 필요는 없다. 다음 코드는 VisitorsApp 리소스 타입에 대한 와치를 작성한다.

```
// 기본 리소스인 VisitorsApp의 변경에 대한 와치
err = c.Watch(&source.Kind{Type: &examplev1.VisitorsApp{}},
            &handler.EnqueueRequestForObject{})
if err != nil {
  return err
}
```

두 번째 와치, 좀 더 정확하게는 일련의 와치들은 오퍼레이터가 부모 리소스를 지원하기 위해 생성한 모든 자식 리소스에 대한 변경사항을 모니터링한다. 예를 들어, VisitorsApp 리소스를 생성하면 이 리소스의 동작을 지원하기 위해 다수의 디플로이먼트와 서비스 객체들을 생성한다. 컨트롤러는 이러한 하위 타입들 각각에 대한 와치를, 소유자가 부모 리소스와 동일한 타입이 되는 자식 리소스에만 와치를 적용하도록 주의하면서 생성한다. 예를 들어, 다음 코드는 소유자의 타입이 VisitorsApp인 디플로이먼트와 서비스를 위한 2개의 와치를 만든다.

```
err = c.Watch(&source.Kind{Type: &appsv1.Deployment{}},
            &handler.EnqueueRequestForOwner{
  IsController: true,
  OwnerType: &examplev1.VisitorsApp{},
})
if err != nil {
  return err
}
err = c.Watch(&source.Kind{Type: &corev1.Service{}},
            &handler.EnqueueRequestForOwner{
  IsController: true,
  OwnerType: &examplev1.VisitorsApp{},
})
if err != nil {
  return err
}
```

이 코드에서 만든 와치에는 주의해야 하는 2개의 섹션이 있다.

- 생성자의 Type 값은 쿠버네티스가 모니터링하는 자식 리소스 타입을 나타낸다. 각 자식 리소스 타입에는 자체적인 와치가 필요하다.
- 각 자식 리소스 타입 와치들은 OwnerType 값을 부모 리소스 타입으로 설정해 와치 범위를 정의하고 쿠버네티스가 상위 리소스에 대한 조정을 시작하게 한다. 이것이 없으면 쿠버네티스는 오퍼레이터에 속하는지에 관계없이 모든 서비스 및 디플로이먼트를 대상으로 이 컨트롤러의 조정 작업을 시작할 것이다.

Reconcile 함수

조정 루프reconcile loop라고도 불리는 Reconcile 함수는 오퍼레이터의 로직이 있는 파일에 함께 있다. 이 함수의 목적은 리소스가 요청한 목표 상태와 비교해 시스템의 실제 상태를 조정하는 것이다. 이 함수를 작성하는 데 참고할 수 있는 정보를 다음 절에서 다룬다.

쿠버네티스는 리소스의 라이프사이클 동안 Reconcile 함수를 여러 번 호출하므로 자식 리소스를 복제하여 생성하지 않도록 멱등성을 고려해 구현하는 것이 중요하다. 이와 관련된 자세한 내용은 129페이지의 '멱등성' 절에 나와 있다.

Reconcile 함수는 ReconcileResult 인스턴스와 오류(발생한 경우), 두 객체를 반환한다. 이 반환값들을 기반으로 쿠버네티스는 요청을 다시 큐^{queue}로 보낼 것인지 여부를 판단한다. 다시 말해, 오퍼레이터는 조정 루프가 다시 실행돼야 하는지를 쿠버네티스에 알려준다. 반환값을 기반으로 가능한 결과는 다음과 같다.

`return reconcile.Result{}, nil`

조정 프로세스는 오류 없이 완료됐으며 조정 루프를 통과하는 다른 경로가 필요하지 않다.

`return reconcile.Result{}, err`

오류로 인해 조정이 실패했으며 쿠버네티스는 재시도를 위해 반환된 객체를 다시 큐로 보내야 한다.

`return reconcile.Result{Requeue: true}, nil`

조정에는 오류가 발생하지 않았지만 쿠버네티스는 또 다른 조정 수행을 위해 반환된 객체를 다시 큐로 보내야 한다.

`return reconcile.Result{RequeueAfter: time.Second*5}, nil`

이전 결과와 비슷하지만 지정된 시간 동안 대기 후 요청을 다시 큐로 보낸다. 이런 방법은 여러 단계를 연속적으로 수행할 때 유용하지만, 작업을 완료하는 데 많은 시간이 걸릴 수 있다. 예를 들어 백엔드 서비스가 시작하기 전에 실행 중인 데이터베이스를 필요로 하는 경우, 데이터베이스를 시작할 시간 제공을 위해 잠시 대기 후 조정 작업을 시작할 수 있다. 데이터베이스가 실행 중이라면 오퍼레이터는 조정 요청을 대기 열에 포함시키지 않고 나머지 단계를 수행한다.

오퍼레이터 작성 팁

오퍼레이터의 다양한 용도와 복잡성을 한 권의 책으로 다루는 것은 불가능하다. 애플리케이션 설치와 업그레이드의 차이점만도 열거할 수 없을 정도로 많고, 이 차이점들은 오퍼레이터 성숙도 모델의 처음 두 계층만을 나타난다. 대신에, 이 책은 오퍼레이터가 일반적으로 수행하는 기본 기능을 사용할 수 있도록 일반적인 사용 방법을 다룰 것이다.

Go 기반 오퍼레이터는 Go 쿠버네티스 라이브러리를 많이 사용하므로 해당 API 문서 (https://godoc.org/k8s.io/api)를 활용하는 것이 유용하다. 특히 core/v1 및 apps/v1 모듈은 일반적인 쿠버네티스 리소스를 다루는 데 자주 사용된다.

리소스 검색

Reconcile 함수가 일반적으로 수행하는 첫 단계는 조정 요청을 발동한 부모 리소스를 검색하는 것이다. 오퍼레이터 SDK는 부모 리소스 검색을 위한 코드를 생성하는데, 이 코드는 아래 방문자 사이트의 예제에서 보이는 코드와 유사한 형태다.

```
// VisitorsApp 인스턴스를 가져오기
instance := &examplev1.VisitorsApp{}
err := r.client.Get(context.TODO(), request.NamespacedName, instance) ❶❷

if err != nil {
  if errors.IsNotFound(err) {
    return reconcile.Result{}, nil ❸
  }
  // 인스턴스를 읽는 중 에러 발생 - 해당 요청을 다시 큐로 보냄
  return reconcile.Result{}, err
}
```

❶ 이전에 작성한 VisitorsApp 객체를 대상으로 조정을 발동한 리소스의 값으로 채운다.

❷ 변수 r은 Reconcile 함수를 호출하는 조정자 객체다. 이 객체는 쿠버네티스 API의 사용 권한을 가진 클라이언트 객체를 제공한다.

❸ 리소스가 삭제돼도 쿠버네티스는 여전히 Reconcile 함수를 호출하며, 이 경우 Get 호출은 오류를 반환한다. 이 예에서 오퍼레이터는 삭제된 리소스에 대한 정리 작업은 필요로 하지 않으며, 단순하게 조정에 성공했음을 반환한다. 삭제된 리소스 처리에 관한 자세한 내용은 126페이지의 '자식 리소스 삭제' 절을 참조하자.

검색된 인스턴스는 다음 두 가지 주요 목적으로 사용된다.

- Spec 필드에서 리소스에 대한 구성값 검색
- Status 필드를 사용해 리소스의 현재 상태 설정 및 업데이트된 정보를 쿠버네티스에 저장

클라이언트는 Get 함수 외에도 리소스값을 변경하는 기능을 제공한다. 리소스의 Status 필드를 변경할 때, 이 기능을 사용해 리소스에 대한 변경사항을 쿠버네티스에 유지할 것이다. 다음 코드는 이전에 검색한 VisitorsApp 인스턴스 상태의 필드 중 하나를 변경하고 변경사항을 쿠버네티스로 저장한다.

```
instance.Status.BackendImage = "example"
err := r.client.Status().Update(context.TODO(), instance)
```

자식 리소스 생성

일반적으로 오퍼레이터를 구현할 때 처음으로 수행하는 작업은 애플리케이션을 실행하는 데 필요한 리소스를 배포하는 것이다. 이 작업에서 멱등성을 고려하는 것이 중요하다. 연속적으로 Reconcile 함수를 호출하는 경우, 중복된 리소스를 생성하지 말고 해당 리소스가 실행 중인지 확인해야 한다.

이러한 자식 리소스들은 일반적으로 디플로이먼트 및 서비스 객체들을 포함하지만, 이것들로만 국한되지는 않는다. 이러한 리소스들에 대한 처리는 유사하고 직관적이다. 리소스가 네임스페이스에 존재하는지 확인하고 존재하지 않으면 생성한다.

다음 예제 코드는 대상 네임스페이스에 디플로이먼트 리소스가 있는지 확인한다.

```go
found := &appsv1.Deployment{}
findMe := types.NamespacedName{
  Name: "myDeployment", ❶
  Namespace: instance.Namespace, ❷
}
err := r.client.Get(context.TODO(), findMe, found)
if err != nil && errors.IsNotFound(err) {
  // 생성 로직 ❸
}
```

❶ 오퍼레이터는 자신이 생성할 자식 리소스의 이름 또는 이를 도출하는 방법을 알고 있다(자세한 설명은 128 페이지의 '자식 리소스 명명법' 절 참조). 실제 사례에서 "myDeployment"는 디플로이먼트 리소스가 생성될 때 오퍼레이터의 이름으로 대체되며, 이 이름은 네임스페이스 내에서 고유성을 보장한다.

❷ instance 변수는 앞에서 제시한 리소스 검색 코드에서 설정됐으며, 조정 중인 주 리소스를 나타내는 객체를 가리킨다.

❸ 이 시점에서 자식 리소스를 찾을 수 없고 쿠버네티스 API에서 더 이상 오류를 받지 않았다면 리소스 생성 로직을 실행한다.

오퍼레이터는 필요한 쿠버네티스 객체들을 채운 후 클라이언트를 사용해 생성 요청하여 리소스들을 만든다. 각 타입의 리소스를 인스턴스화하는 방법에 관한 상세 지침은 쿠버네티스 Go 클라이언트 API를 참조하자. core/v1 모듈 또는 apps/v1 모듈에서 원하는 스펙들을 찾을 수 있다.

다음 코드는 방문자 사이트 예제 애플리케이션에서 사용되는 MySQL 데이터베이스의 디플로이먼트 스펙 섹션을 작성하는 예시다.

```go
labels := map[string]string {
  "app": "visitors",
  "visitorssite_cr": instance.Name,
  "tier": "mysql",
}
size := int32(1) ❶

userSecret := &corev1.EnvVarSource{
  SecretKeyRef: &corev1.SecretKeySelector{
    LocalObjectReference: corev1.LocalObjectReference{Name: mysqlAuthName()},
    Key: "username",
  },
}

passwordSecret := &corev1.EnvVarSource{
  SecretKeyRef: &corev1.SecretKeySelector{
    LocalObjectReference: corev1.LocalObjectReference{Name: mysqlAuthName()},
    Key: "password",
  },
}

dep := &appsv1.Deployment{
  ObjectMeta: metav1.ObjectMeta{
    Name: "mysql-backend-service", ❷
    Namespace: instance.Namespace,
  },
  Spec: appsv1.DeploymentSpec{
    Replicas: &size,
    Selector: &metav1.LabelSelector{
      MatchLabels: labels,
    },
    Template: corev1.PodTemplateSpec{
      ObjectMeta: metav1.ObjectMeta{
        Labels: labels,
```

```
        },
        Spec: corev1.PodSpec{
          Containers: []corev1.Container{{
            Image: "mysql:5.7",
            Name: "visitors-mysql",
            Ports: []corev1.ContainerPort{{
              ContainerPort: 3306,
              Name: "mysql",
            }},
            Env: []corev1.EnvVar{ ❸
              {
                Name: "MYSQL_ROOT_PASSWORD",
                Value: "password",
              },
              {
                Name: "MYSQL_DATABASE",
                Value: "visitors",
              },
              {
                Name: "MYSQL_USER",
                ValueFrom: userSecret,
              },
              {
                Name: "MYSQL_PASSWORD",
                ValueFrom: passwordSecret,
              },
            },
          }},
        },
      },
    },
  }

controllerutil.SetControllerReference(instance, dep, r.scheme) ❹
```

❶ 많은 경우 오퍼레이터는 부모 리소스의 스펙에서 배포된 파드 수를 가져온다. 단순
성을 위해 예제에서는 1로 고정한다.

❷ 디플로이먼트 리소스가 존재하는지 확인하는 이전 예제 코드에서 사용된 값이다.

❸ 이 예제에서는 고정된 값이다. 필요에 따라 랜덤 값을 생성하도록 주의하자.

❹ 이 정의에서 가장 중요한 라인으로, 부모 리소스(VisitorsApp)와 자식 리소스(디플로이먼트) 간의 연관관계를 설정한다. 쿠버네티스는 다음 절에서 볼 수 있듯이 특정 작업에 이 연관관계를 사용한다.

디플로이먼트 리소스의 Go 표현 구조는 YAML 정의와 매우 유사하다. 다시 말하지만, Go 객체 모델 사용 방법에 관한 세부 사항은 API 문서를 참조하자.

자식 리소스의 타입(디플로이먼트, 서비스 등)에 관계없이 클라이언트 객체를 사용해 생성하면 된다.

```
createMe := // 앞에 나왔던 디플로이먼트 인스턴스

// 서비스 생성
err = r.client.Create(context.TODO(), createMe)

if err != nil {
  // 생성 실패
  return &reconcile.Result{}, err
} else {
  // 생성 성공
  return nil, nil
}
```

자식 리소스 삭제

대부분의 경우 자식 리소스를 삭제하는 것은 만드는 것보다 훨씬 간단하다. 쿠버네티스가 자체적으로 삭제를 수행하기 때문이다. 자식 리소스가 주 리소스에 소속된 것으로 올바르게 설정되어 있다면, 부모 리소스의 삭제 시 쿠버네티스의 가비지 컬렉션^{garbage collection}은 모든 자

식 리소스를 자동으로 정리할 것이다.

쿠버네티스가 리소스를 삭제할 때도 Reconcile 함수를 호출한다는 점에 유의하자. 쿠버네티스 가비지 컬렉션은 여전히 수행되고 있으며, 오퍼레이터는 기본 리소스를 검색할 수 없다. 이 상황은 121페이지 '리소스 검색' 절의 예제 코드를 통해 확인할 수 있다.

그러나 상황에 따라 특별한 정리 로직이 필요한 경우가 있다. 이러한 경우 **파이널라이저** finalizer를 사용해 부모 리소스를 삭제하지 못하게 하는 방법을 사용한다.

파이널라이저는 단순히 리소스에 대한 일련의 문자열로 되어 있다. 리소스에 하나 이상의 파이널라이저가 있으면 해당 객체의 metadata.deletionTimestamp 필드가 기록되고, 최종 사용자가 해당 리소스를 삭제하려 한다는 것을 표시한다. 그러나 쿠버네티스는 모든 파이널라이저가 제거돼야만 실제 리소스 삭제를 수행한다.

이 구성을 사용하면 오퍼레이터가 자체 정리 단계를 수행할 수 있을 때까지 리소스에 대한 가비지 컬렉션을 저지할 수 있다. 오퍼레이터가 필요한 작업을 마치면 파이널라이저를 삭제하고 쿠버네티스가 정상적인 삭제 단계를 수행하게 한다.

다음 코드는 오퍼레이터가 사전 삭제 단계를 수행할 수 있도록 파이널라이저를 사용하는 방법을 보여준다. 이 코드는 121페이지 '리소스 검색' 절에서 설명한 것처럼 인스턴스 객체를 검색한 후 실행한다.

```
finalizer := "visitors.example.com"

beingDeleted := instance.GetDeletionTimestamp() != nil ❶

if beingDeleted {
  if contains(instance.GetFinalizers(), finalizer) {

    // 마무리 로직을 실행한다.
    // 실패하면 파이널라이저를 그대로 남겨두고,
    // 쿠버네티스가 실제로 자원을 삭제할 수 있는 권한 없이 정리를 시도하는 조정 요청을
    // 이후에 다시 수행할 수 있도록 큐에 다시 싣는다.
```

```
  instance.SetFinalizers(remove(instance.GetFinalizers(), finalizer)) ❷
  err := r.client.Update(context.TODO(), instance)
  if err != nil {
    return reconcile.Result{}, err
  }
}
return reconcile.Result{}, nil
}
```

❶ 삭제 타임스탬프가 있으면 요청된 삭제 작업이 하나 이상의 파이널라이저에 의해 차단되고 있음을 알 수 있다.

❷ 정리 작업이 끝나면 오퍼레이터는 파이널라이저를 제거해 쿠버네티스가 리소스 정리를 계속할 수 있게 한다.

자식 리소스 명명법

최종 사용자는 CR을 생성할 때 CR의 이름을 제공하고, 오퍼레이터는 생성하는 모든 자식 리소스의 이름을 결정해야 한다. 이러한 이름을 만들 때는 다음 원칙을 고려해야 한다.

- 리소스 이름은 지정된 네임스페이스에서 고유해야 한다.
- 자식 리소스 이름은 동적으로 생성돼야 한다. 자식 리소스의 이름에 고정 값을 쓰면 하나의 네임스페이스에 그 CR 타입의 리소스가 여러 개 존재하는 경우 충돌이 발생한다.
- 자식 리소스 이름은 재현 가능하고 일관돼야 한다. 오퍼레이터가 조정 루프를 사용하는 향후 반복에서 이름을 사용해 해당 리소스들을 신뢰성 있게 검색하고 하위 항목에 접근할 수 있어야 한다.

멱등성

컨트롤러를 작성할 때 많은 개발자가 직면하는 가장 큰 장애물 중 하나는 쿠버네티스가 **선언**

적declarative API를 사용한다는 생각이다. 최종 사용자는 쿠버네티스가 즉시 수행해야 할 명령을 내리지 않는다. 대신 클러스터에 반영하고자 하는 최종 상태를 요청한다.

따라서 컨트롤러(및 확장 기능. 오퍼레이터)에 대한 인터페이스에는 '리소스 추가' 또는 '구성값 변경' 같은 즉각적 변경을 요하는 명령이 포함되지 않는다.

대신, 쿠버네티스는 단순히 컨트롤러에게 리소스 상태를 조정하도록 요청한다. 그런 다음 오퍼레이터는 최종 상태를 보장하기 위해 어떤 단계가 필요한지 결정할 뿐이다.

따라서 오퍼레이터는 멱등성을 준수해야 한다. 아직 변경되지 않은 리소스에 대한 조정 호출이 여러 번 있더라도 매번 동일한 결과를 가져와야 한다.

오퍼레이터가 멱등성을 보장하는 데 도움이 될 수 있는 몇 가지 팁을 제시한다.

- 자식 리소스를 만들기 전에 해당 리소스가 이미 있는지 확인한다. 쿠버네티스는 사용자가 처음 CR을 생성할 때뿐만 아니라 다양한 이유로 조정 루프를 호출할 수 있음을 기억하자. 컨트롤러는 루프를 반복할 때마다 CR의 하위 항목을 복제해서는 안된다.
- 리소스 스펙(즉. 구성값)을 변경하면 조정 루프가 시작된다. 따라서 예상되는 자식 리소스가 존재하는지 간단하게 확인하는 것만으로는 충분하지 않다. 오퍼레이터는 자식 리소스 구성이 조정 시 상위 리소스에 정의된 것과 일치하는지도 함께 확인해야 한다.
- 리소스를 변경할 때마다 반드시 조정 작업이 필요한 것은 아니다. 단일 조정 작업에 여러 변경사항을 포함하여 진행할 수도 있다. 오퍼레이터는 CR의 전체 상태가 모든 자식 리소스에도 표시되게 해야 한다.
- 조정 요청 중에 오퍼레이터가 변경할 필요가 없다고 해서 CR Status 필드 역시 변경할 필요가 없다는 뜻은 아니다. CR 상태의 어떤 값을 사용하느냐에 따라, 오퍼레이터가 기존 리소스를 변경할 필요가 없다고 판단하더라도 이를 변경하는 편이 더 좋은 경우가 있다.

오퍼레이터 영향도

오퍼레이터가 클러스터에 미치는 영향을 파악하고 있어야 한다. 대부분의 경우 오퍼레이터는 하나 이상의 리소스를 생성한다. 쿠버네티스 API를 통해 클러스터와 통신하는 것도 필요하다. 만약 오퍼레이터가 이러한 작업을 잘못 처리하면 전체 클러스터의 성능에 부정적인 영향을 줄 수 있다.

이를 처리하는 가장 좋은 방법은 오퍼레이터별로 다르다. 오퍼레이터가 클러스터에 과부하를 주지 않도록 하기 위해 실행할 수 있는 정형적인 규칙은 없다. 그러나 오퍼레이터의 접근 방식을 분석하기 위한 시작점으로 다음 지침을 사용할 수 있다.

- 쿠버네티스 API를 자주 호출할 때는 주의하자. 원하는 상태를 체크하기 위해 API를 반복적으로 확인할 때는 적절한 지연(밀리초가 아닌 초 단위)을 사용해야 한다.
- 가능하면 오랫동안 조정 기능을 차단하지 마라. 예를 들어 계속하기 전에 자식 리소스를 사용할 수 있기를 기다리는 경우, 일정 기간 대기 후 다른 조정 기능을 시작하는 것을 고려하자(조정 루프를 통해 후속 반복을 발동하는 방법에 관한 자세한 내용은 119페이지의 'Reconcile 함수' 절을 참조하라). 이 접근 방식을 통해 쿠버네티스는 조정 요청을 오랫동안 기다리지 않고 리소스를 관리할 수 있다.
- 많은 수의 리소스를 배포하는 경우 조정 루프를 통해 여러 반복을 요청하는 디플로이먼트를 제한하는 것을 고려하라. 다른 작업들이 클러스터에서 동시에 실행되고 있음을 기억하자. 오퍼레이터가 한꺼번에 많은 생성 요청을 만들어 클러스터 리소스에 과도한 부하를 주지 않도록 주의하자.

로컬에서 오퍼레이터 실행하기

오퍼레이터 SDK는 실행 중인 클러스터 외부에서 오퍼레이터를 실행하는 수단을 제공한다. 이 방식을 사용하면 이미지 생성 및 호스팅 단계를 거치지 않아도 되므로 개발 및 테스트 속

도가 향상된다. 클러스터 외부의 프로세스로 오퍼레이터를 실행하는 경우에도 쿠버네티스
는 이를 다른 컨트롤러와 동일하게 처리한다.

오퍼레이터 테스트를 위한 상위 수준의 단계는 다음과 같다.

1. **CRD 배포**: CRD에 대한 추가 변경이 필요하지 않은 한 이 작업은 한 번만 수행하면
   된다. 변경이 있는 경우, (오퍼레이터 프로젝트 루트 디렉토리에서) kubectl apply 명령을
   다시 실행해 변경사항을 적용하자.

   ```
   $ kubectl apply -f deploy/crds/*_crd.yaml
   ```

2. **로컬 모드로 오퍼레이터 시작**: 오퍼레이터 SDK는 kubectl 설정 파일의 자격 증명을 사
   용해 클러스터에 접속하고 오퍼레이터를 연결한다. 실행 중인 프로세스는 마치 클
   러스터 내에서 실행 중인 오퍼레이터 파드인 것처럼 작동하고 표준 출력으로 로그
   를 내보낸다.

   ```
   $ export OPERATOR_NAME=<operator-name>
   $ operator-sdk up local --namespace default
   ```

   --namespace 플래그는 오퍼레이터가 실행될 네임스페이스를 지정한다.

3. **예제 리소스 배포**: SDK는 CRD와 함께 예제 CR을 생성한다. CDR와 동일한 디렉
   토리에 있으며 CRD와 유사하게 이름을 갖고 파일 이름이 기능을 나타내기 위해
   _cr.yaml로 끝난다.

   대부분의 경우, 리소스에 대한 관련 설정값을 변경하기 위해 이 파일의 spec 섹션
   을 편집하려 할 것이다. 필요한 사항이 변경되면 kubectl을 사용해 CR(프로젝트 루트
   디렉토리에서)을 배포하자.

   ```
   $ kubectl apply -f deploy/crds/*_cr.yaml
   ```

4. **실행 중인 오퍼레이터 프로세스 중지**: Ctrl+C를 눌러 오퍼레이터 프로세스를 중지하자. 오퍼레이터가 파이널라이저를 CR에 추가하지 않았다면, CR 자체를 먼저 삭제하는 것이 안전하다. 쿠버네티스가 리소스의 연관관계를 사용해 모든 종속 객체를 정리할 것이다.

여기에 설명된 프로세스는 개발 목적으로는 유용하지만, 이미지를 제공해야 하는 상용에는 적합하지 않다. 오퍼레이터를 클러스터 내부의 컨테이너로 빌드하고 배포하는 방법에 관한 자세한 정보는 부록 A를 참조하면 된다.

방문자 사이트 예제

방문자 사이트 오퍼레이터의 코드베이스는 이 책에 담기에 너무 크다. 이 책의 깃허브 저장소(https://github.com/kubernetes-operators-book/chapters/tree/master/ch07/visitors-operator)에서 완전히 구현된 오퍼레이터를 찾을 수 있다.

오퍼레이터 SDK는 해당 저장소에 있는 대부분의 파일을 생성했다. 방문자 사이트 애플리케이션을 실행하기 위해 수정된 파일은 다음과 같다.

deploy/crds/

- example_v1_visitorsapp_crd.yaml
  이 파일에는 CRD가 포함되어 있다.

- example_v1_visitorsapp_cr.yaml
  이 파일은 적절한 예제 데이터를 사용해 CR을 정의한다.

pkg/apis/example/v1/visitorsapp_types.go

- 이 파일에는 spec 및 status 필드를 포함하여 CR을 나타내는 Go 객체가 포함되어 있다.

pkg/controller/visitorsapp/

- backend.go, frontend.go, mysql.go

  이 파일들에는 방문자 사이트의 해당 구성요소 배포와 관련된 모든 정보가 포함되어 있다. 여기에는 오퍼레이터가 유지 관리하는 디플로이먼트 및 서비스뿐만 아니라 사용자가 CR을 변경할 때 기존 리소스 업데이트를 처리하는 로직까지도 포함된다.

- common.go

  이 파일은 디플로이먼트 및 서비스들이 실행 중인지 확인하고, 필요한 경우 이를 생성하는 데 사용되는 유틸리티 함수를 포함하고 있다.

- visitorsapp_controller.go

  오퍼레이터 SDK가 최초에 파일을 생성했고 방문자 사이트에 필요한 로직으로 수정했다. Reconcile 함수에 대부분의 변경사항이 들어 있으며, 앞에서 설명한 파일들에서 이 파일의 함수들을 호출함으로써 오퍼레이터가 동작한다.

요약

오퍼레이터를 작성하려면 쿠버네티스에 컨트롤러로 연결하기 위해 상당한 양의 코드가 필요하다. 오퍼레이터 SDK는 코드베이스를 생성해 개발을 용이하게 하여 개발자가 비즈니스 로직에 집중할 수 있게 도와준다. 또한 SDK는 오퍼레이터 구축 및 테스트를 위한 유틸리티를 제공하므로 초기 단계에서 오퍼레이터의 운영으로 전환하는 데 필요한 노력을 크게 줄여준다.

관련 리소스

- 쿠버네티스 CR 문서(https://oreil.ly/IwYGV)
- 쿠버네티스 API 문서(https://godoc.org/k8s.io/api)

오퍼레이터 라이프사이클 매니저

오퍼레이터를 개발했다면 이제는 설치 및 관리에 관심을 기울여야 한다. 디플로이먼트 작성, CRD 추가 및 필요한 권한 구성을 포함하여 오퍼레이터 배포와 관련된 여러 과정이 있고, 이러한 프로세스를 용이하게 하려면 관리 계층이 필요하다.

오퍼레이터 라이프사이클 매니저^{OLM, Operator Lifecycle Manager}는 CRD 디스크립터 형태의 설치 지침과 API 힌트를 포함하여, 오퍼레이터를 딜리버리하기 위한 패키징 방법과 호환 UI에서 사용할 시각화를 위한 메타데이터를 도입함으로써 요구되는 역할을 수행한다.

OLM의 이점은 단순히 설치하는 것을 넘어서 이미 사용 중인 오퍼레이터의 업그레이드 관리, 버전 채널을 통한 오퍼레이터를 안정성을 전달하는 수단 제공, 여러 오퍼레이터 호스팅 소스를 단일 인터페이스로 집계하는 기능을 포함하여 'Day 2 operations'[1]를 지원하는 것으로 확장된다.

8장은 최종 사용자가 클러스터 내부와 상호작용하는 데 사용할 CRD, 오퍼레이터에 사용하는 패키징 형식을 포함하여 OLM과 OLM 인터페이스를 소개하며 시작한다. 그 후 OperatorHub.io에 연결해 오퍼레이터를 설치하는 OLM을 살펴볼 것이다. OLM이 오퍼레이터를 사용할 수 있게 하는 데 필요한 메타데이터 파일을 작성하는 프로세스를 개발자의 관점으로 둘러보면서 이 장을 마무리하고, 로컬 클러스터에서 OLM을 실행해볼 것이다.

---

1   데브옵스 진영에서 최근 사용하는 용어로, 1일차에 설치하면 2일차에 바로 운영할 수 있을 정도로 빠른 적용을 의미한다. – 옮긴이

OLM 사용자 정의 리소스

알다시피, 오퍼레이터가 소유한 CRD는 해당 오퍼레이터의 API를 구성한다. 따라서 OLM이 설치한 각각의 CRD를 살펴보고 그 용도를 살펴보는 것이 타당하다.

ClusterServiceVersion

CSV^ClusterServiceVersion는 오퍼레이터를 기술하는 기본 메타데이터 리소스다. 각 CSV는 오퍼레이터의 버전을 나타내며 다음을 포함한다.

- 이름, 버전, 설명, 아이콘을 포함한 오퍼레이터에 대한 일반적인 메타데이터
- 생성된 디플로이먼트 및 필요한 권한을 기술하는 오퍼레이터 설치 정보
- 오퍼레이터가 소유하는 CRD들과 오퍼레이터가 의존성을 갖는 모든 CRD에 대한 참조자
- 사용자에게 필드값을 올바르게 지정하는 방법에 대한 힌트를 제공하는 CRD 필드의 주석

CSV에 대해 배울 때는 그 개념을 전통적인 리눅스 시스템의 개념과 연관시켜 생각하면 도움이 된다. CSV는 RPM^Red Hat Package Manager 파일 같은 리눅스 패키지와 유사하다고 생각할 수 있다. RPM 파일과 마찬가지로 CSV에는 오퍼레이터의 설치 방법과 필요한 종속성에 대한 정보가 들어 있다. 리눅스 패키지 시스템에 대입해보면, OLM을 yum 또는 DNF와 유사한 관리 도구로 생각할 수 있다.

CSV와 CSV가 관리하는 오퍼레이터 디플로이먼트 리소스 간의 관계도 파악해야 한다. 디플로이먼트에서 생성하려는 파드에 대해 '파드 템플릿'을 기술하는 것과 유사하게, CSV는 오퍼레이터 파드의 배포를 위한 '디플로이먼트 템플릿'을 포함하고 있다. 이는 쿠버네티스에서 단어 자체가 갖는 개념으로, 디플로이먼트에 의해 삭제된 파드들이 재생성되는 방법과 유사하게, 오퍼레이터 디플로이먼트가 삭제되더라도 CSV가 이를 재생성해 클러스터를 원하는 상태로 되돌린다.

ClusterServiceVersion 리소스는 일반적으로 클러스터 서비스 버전 YAML 파일로부터 채워진다. 이 파일을 작성하는 방법에 관한 자세한 내용은 152페이지 '클러스터 서비스 버전 파일 작성하기' 절을 참조하자.

CatalogSource

CatalogSource에는 오퍼레이터의 저장소에 접근하기 위한 정보가 들어 있다. OLM은 카탈로그 소스를 질의하기 위한 packagemanifests라는 유틸리티 API를 제공한다. 이 API를 사용해 오퍼레이터 목록과 오퍼레이터가 발견된 카탈로그를 수집할 수 있다. 이렇게 수집된 리소스들을 사용해 사용 가능한 오퍼레이터들의 목록을 만들 것이다. 다음은 기본 카탈로그 소스를 대상으로 packagemanifests API를 사용하는 예시다.

```
$ kubectl -n olm get packagemanifests
NAME                          CATALOG              AGE
akka-cluster-operator         Community Operators  19s
appsody-operator              Community Operators  19s
[...]
```

구독

최종 사용자는 OLM이 제공하는 오퍼레이터를 설치하기 위해 **구독**^{subscription}을 만들고 업데이트를 수행한다. 구독은 'stable'이나 'nightly' 같은 오퍼레이터 버전의 흐름인 **채널**^{channel}을 대상으로 생성된다.

앞에서 사용한 리눅스 패키지와의 비유를 계속하면, 구독은 패키지를 설치하는 명령인 yum install과 같다. yum을 통한 설치 명령은 일반적으로 특정 버전이 아닌 이름을 사용해 패키지를 지정하며, yum은 자체적으로 최신 패키지를 결정한다. 같은 방식으로 이름과 채널을 사용해 오퍼레이터를 구독하면 OLM은 해당 채널에서 사용 가능한 항목을 기반으로 버전을 확인할 수 있다.

사용자는 **승인 모드**^{approval mode}로 구독을 설정한다. 이 값을 manual 또는 automatic으로 설정함으로써, 오퍼레이터가 설치되기 전에 사용자에 의한 수동 검토 여부를 OLM에 알려준다. 수동 승인으로 설정된 경우, OLM 호환 사용자 인터페이스는 오퍼레이터 설치 중에 OLM이 생성할 리소스의 세부 정보를 사용자에게 제공한다. 이 정보를 받은 사용자는 그 오퍼레이터를 승인 또는 거부할 수 있으며, OLM은 적절한 다음 단계를 수행한다.

InstallPlan

구독은 CSV의 리소스 요구사항을 충족하기 위해 OLM이 생성할 전체 리소스 목록을 기술하는 InstallPlan을 생성한다. 수동 승인을 요구하도록 설정된 구독의 경우, 최종 사용자는 OLM이 설치를 진행하도록 이 리소스를 승인한다. 그렇지 않을 경우, 사용자들은 이러한 리소스와 명시적으로 상호작용할 필요가 없다.

OperatorGroup

최종 사용자들은 **OperatorGroup**을 통해 오퍼레이터 멀티테넌시^{multitenancy}를 제어한다. 이들은 개별 오퍼레이터가 액세스할 수 있는 네임스페이스를 지정한다. 즉, OperatorGroup에 속하는 오퍼레이터는 그룹에 지정되지 않은 네임스페이스의 CR이 변화하는 것에는 반응하지 않는다.

네임스페이스들의 집합에 대한 세밀한 제어를 위해 OperatorGroups를 사용할 수 있지만, 다음 두 가지 방법을 사용하는 것이 가장 일반적이다.

- 단일 네임스페이스로 오퍼레이터의 범위 지정
- 모든 네임스페이스에서 전체적으로 실행될 수 있도록 오퍼레이터의 범위 지정

예를 들어, 다음 정의는 그룹 내의 오퍼레이터를 단일 네임스페이스 ns-alpha로 범위를 지정하는 그룹을 만든다.

```
apiVersion: operators.coreos.com/v1alpha2
kind: OperatorGroup
metadata:
  name: group-alpha
  namespace: ns-alpha
spec:
  targetNamespaces:
    - ns-alpha
```

targetNamespaces를 완전히 생략하면 그룹의 모든 네임스페이스를 포함하는 그룹이 된다.

```
apiVersion: operators.coreos.com/v1alpha2
kind: OperatorGroup
metadata:
  name: group-alpha
  namespace: ns-alpha ❶
```

❶ 쿠버네티스 리소스로서 OperatorGroup은 여전히 특정 네임스페이스에 위치한다. 그러나 targetNamespaces를 생략했으므로 이 OperatorGroup은 모든 네임스페이스를 범위로 할 것이다.

 여기에 표시된 두 가지 예를 사용하면 대부분의 경우 적용 가능하다. 둘 이상의 특정 네임스페이스로 범위를 좁힌 OperatorGroup을 만드는 방법은 이 책의 범위를 벗어난다. 자세한 내용은 OLM의 깃허브 저장소(https://oreil.ly/ZBAou)에서 찾을 수 있다.

OLM 설치하기

이 장의 나머지 부분은 OLM을 사용하고 개발하는 과정을 다룬다. 대부분의 쿠버네티스 배포판에는 OLM이 기본적으로 설치되어 있지 않기 때문에 이를 수행하는 데 필요한 리소스를 설치하고 시작하자.

OLM은 진화하는 프로젝트다. 따라서 현재 릴리스(https://oreil.ly/lt369)의 최신 설치 매뉴얼은 깃허브 저장소를 참조하자. 프로젝트의 깃허브 저장소에서 관련된 릴리스들을 찾을 수 있다.

현재 릴리스(0.11.0)를 설치하기 위해서는 두 가지 주요 작업을 수행해야 한다.

시작하려면 OLM에서 요구하는 CRD를 설치해야 한다. 이 CRD는 OLM에 API로 기능하고, 외부 소스를 설정할 수 있게 한다. 외부 소스는 오퍼레이터와 그 오퍼레이터가 사용자에게 가용하도록 만들어주는 클러스터 측의 리소스를 제공한다. 다음과 같이 kubectl apply 명령을 사용해 CRD를 생성하자.

```
$ kubectl apply -f \
 https://github.com/operator-framework/operator-lifecycle-manager/releases/\
 download/0.11.0/crds.yaml
clusterserviceversions.operators.coreos.com created
installplans.operators.coreos.com created
subscriptions.operators.coreos.com created
catalogsources.operators.coreos.com created
operatorgroups.operators.coreos.com created
```

 예제들은 작성 당시 최신 버전이었던 0.11.0 릴리스를 사용한다. 책을 읽는 시점에서의 최신 버전을 사용하도록 명령을 변경해도 좋다.

두 번째 단계는 OLM 자체를 구성하는 모든 쿠버네티스 리소스를 만드는 것이다. 여기에는 OLM을 구동하는 오퍼레이터와 작동하는 데 필요한 RBAC 리소스(ServiceAccounts, ClusterRoles 등)가 포함된다.

CRD 작성과 마찬가지로 kubectl apply 명령을 통해 이 단계를 진행하자.

```
$ kubectl apply -f \
 https://github.com/operator-framework/operator-lifecycle-manager/\
```

```
releases/download/0.11.0/olm.yaml
namespace/olm created
namespace/operators created
system:controller:operator-lifecycle-manager created
serviceaccount/olm-operator-serviceaccount created
clusterrolebinding.rbac.authorization.k8s.io/olm-operator-binding-olm created
deployment.apps/olm-operator created
deployment.apps/catalog-operator created
clusterrole.rbac.authorization.k8s.io/aggregate-olm-edit created
clusterrole.rbac.authorization.k8s.io/aggregate-olm-view created
operatorgroup.operators.coreos.com/global-operators created
operatorgroup.operators.coreos.com/olm-operators created
clusterserviceversion.operators.coreos.com/packageserver created
catalogsource.operators.coreos.com/operatorhubio-catalog created
```

생성된 리소스들을 확인해 설치를 검증할 수 있다.

```
$ kubectl get ns olm
NAME            STATUS   AGE
olm             Active   43s
```

```
$ kubectl get pods -n olm
NAME                            READY   STATUS    RESTARTS   AGE
catalog-operator-7c94984c6c-wpxsv  1/1   Running   0          68s
olm-operator-79fdbcc897-r76ss   1/1     Running   0          68s
olm-operators-qlkh2             1/1     Running   0          57s
operatorhubio-catalog-9jdd8     1/1     Running   0          57s
packageserver-654686f57d-74skk  1/1     Running   0          39s
packageserver-654686f57d-b8ckz  1/1     Running   0          39s
```

```
$ kubectl get crd
NAME                                           CREATED AT
catalogsources.operators.coreos.com            2019-08-07T20:30:42Z
clusterserviceversions.operators.coreos.com    2019-08-07T20:30:42Z
installplans.operators.coreos.com              2019-08-07T20:30:42Z
operatorgroups.operators.coreos.com            2019-08-07T20:30:42Z
subscriptions.operators.coreos.com             2019-08-07T20:30:42Z
```

OLM 사용하기

OLM의 기본 개념을 앞에서 소개했으므로, 이제 OLM을 사용해 오퍼레이터를 설치하는 방법을 살펴보자. 오퍼레이터의 소스 저장소로 OperatorHub.io를 사용할 것이다. OperatorHub.io는 10장에서 자세히 설명하겠지만, 여기서 알아야 할 중요한 내용은 OperatorHub.io가 OLM과 함께 사용하기 위해 공개적으로 이용 가능한 오퍼레이터 목록이라는 점이다. 8장 앞부분에서 살펴본 리눅스 패키지와의 비유를 사용하면 RPM 저장소와 비슷하다고 생각할 수 있다.

OLM을 설치하면 olm 네임스페이스에 기본 카탈로그 소스가 생성된다. CLI를 사용해 이름이 operatorhubio-catalog인 이 소스가 존재하는지 확인할 수 있다.

```
$ kubectl get catalogsource -n olm
NAME                        NAME                  TYPE   PUBLISHER        AGE
operatorhubio-catalog   Community Operators   grpc   OperatorHub.io   4h20m
```

describe 명령을 사용해 해당 소스에 대한 추가 세부 사항을 찾을 수 있다.

```
$ kubectl describe catalogsource/operatorhubio-catalog -n olm
Name:         operatorhubio-catalog
Namespace:    olm
Labels:       <none>
Annotations:  kubectl.kubernetes.io/last-applied-configuration...
API Version:  operators.coreos.com/v1alpha1
Kind:         CatalogSource
Metadata:
  Creation Timestamp:  2019-09-23T13:53:39Z
  Generation:          1
  Resource Version:    801
  Self Link:           /apis/operators.coreos.com/v1alpha1/…
  UID:                 45842de1-3b6d-4b1b-bd36-f616dec94c6a
Spec:
  Display Name:  Community Operators ❶
```

```
   Image:          quay.io/operator-framework/upstream-community-operators:latest
   Publisher:      OperatorHub.io
   Source Type:    grpc
Status:
  Last Sync:  2019-09-23T13:53:54Z
  Registry Service:
    Created At:           2019-09-23T13:53:44Z
    Port:                 50051
    Protocol:             grpc
    Service Name:         operatorhubio-catalog
    Service Namespace:    olm
Events:                   <none>
```

❶ 표시되는 이름은 OperatorHub.io에 대한 어떤 정보도 나타내지 않고, 단순하게
  'Community Operators'임을 주목하자. 이 값은 가용한 오퍼레이터 목록을 확인할
  때 사용하는, 다음 명령의 출력 중에 나타난다.

이 카탈로그 소스는 OperatorHub.io에서 호스팅되는 모든 오퍼레이터를 읽도록 설정되어
있다. packagemanifest 유틸리티 API를 사용하면 발견된 오퍼레이터 목록을 가져올 수 있다.

```
$ kubectl get packagemanifest -n olm
NAME                        CATALOG               AGE
akka-cluster-operator       Community Operators   4h47m
appsody-operator            Community Operators   4h47m
aqua                        Community Operators   4h47m
atlasmap-operator           Community Operators   4h47m
[...] ❶
```

❶ 작성 시점에 OperatorHub.io에는 약 80개의 오퍼레이터가 있다. 간결함을 위해 이
  명령의 출력을 축약했다.

이 예에서는 etcd 오퍼레이터를 설치할 것이다. 첫 번째 단계는 오퍼레이터가 관리할 네임
스페이스를 지정하도록 OperatorGroup을 정의하는 것이다. 사용하려는 etcd 오퍼레이터

는 단일 네임스페이스로 범위가 지정되므로(지정하는 방법은 뒷부분에서 설명함) 기본 네임스페이스에 대한 그룹을 만들어야 한다.

```
apiVersion: operators.coreos.com/v1alpha2
kind: OperatorGroup
metadata:
  name: default-og
  namespace: default
spec:
  targetNamespaces:
  - default
```

kubectl apply 명령을 사용해 그룹을 생성하자(이 예에서는 위의 YAML이 all-og.yaml이라는 파일로 저장되었다고 가정한다).

```
$ kubectl apply -f all-og.yaml
operatorgroup.operators.coreos.com/default-og created
```

구독을 생성하면 오퍼레이터의 설치가 시작된다. 구독 생성 전, 구독할 채널을 먼저 결정해야 한다. OLM은 설치하려는 오퍼레이터에 대한 다양한 기타 세부 사항뿐만 아니라, 채널 정보도 제공한다.

packagemanifest API를 사용하면 이러한 정보를 확인해볼 수 있다.

```
$ kubectl describe packagemanifest/etcd -n olm
Name:         etcd
Namespace:    olm
Labels:       catalog=operatorhubio-catalog
              catalog-namespace=olm
              provider=CNCF
              provider-url=
Annotations:  <none>
API Version:  packages.operators.coreos.com/v1
```

```
Kind:          PackageManifest
Metadata:
  Creation Timestamp:    2019-09-23T13:53:39Z
  Self Link:             /apis/packages.operators.coreos.com/v1/namespaces/...
Spec:
Status:
  Catalog Source:              operatorhubio-catalog
  Catalog Source Display Name: Community Operators
  Catalog Source Namespace:    olm
  Catalog Source Publisher:    OperatorHub.io
  Channels:
    Current CSV:  etcdoperator.v0.9.4-clusterwide
    Current CSV Desc:
      Annotations:
        Alm - Examples: [...] ❶
[...] ❷
      Install Modes: ❸
        Type:          OwnNamespace
        Supported:     true ❹
        Type:          SingleNamespace
        Supported:     true
        Type:          MultiNamespace
        Supported:     false
        Type:          AllNamespaces
        Supported:     false ❺
      Provider:
        Name:          CNCF
      Version:         0.9.4
    Name:              singlenamespace-alpha ❻
  Default Channel:  singlenamespace-alpha
  Package Name:     etcd
  Provider:
    Name: CNCF
[...]
```

---

❶ 패키지 매니페스트의 예제 섹션에는 이 오퍼레이터가 정의한 CR을 배포하는 데 사용할 수 있는 일련의 매니페스트가 포함되어 있다. 간결함을 위해 이것에 대한 출력은 축약했다.

❷ 가독성을 위해 파일의 많은 부분을 축약했다. 152페이지의 '클러스터 서비스 버전 파일 작성하기' 절에서 CSV 파일 작성을 이야기할 때 여기서 생략된 필드들 중 많은 부분을 다룰 것이다.

❸ 설치 모드 섹션에서는 최종 사용자가 이 오퍼레이터를 배포할 수 있는 상황을 기술한다. 8장의 후반부에서는 이 내용을 다룰 것이다.

❹ 이 특정 채널은 배포된 네임스페이스만을 범위로 실행되도록 구성된 오퍼레이터를 제공한다.

❺ 마찬가지로, 최종 사용자는 이 오퍼레이터를 설치해 클러스터의 모든 네임스페이스를 모니터링할 수는 없다. 패키지 매니페스트 데이터를 살펴보면 이 목적에 적합한 clusterwide-alpha라는 다른 채널을 찾을 수 있다.

❻ 이 섹션의 Name 필드는 구독의 대상이 되는 채널의 이름을 나타낸다.

이 오퍼레이터는 OperatorHub.io에서 제공되므로 사이트에서 해당 페이지를 직접 확인하면 더 많은 정보를 얻을 수 있다. 패키지 매니페스트에 포함된 모든 데이터는 오퍼레이터별 페이지에 표시되지만, 읽기 쉬운 형식으로 정형화되어 있다. etcd 오퍼레이터 페이지 (https://oreil.ly/1bjkr)에서 이러한 정보를 확인할 수 있다.

채널을 결정했으면 마지막 단계로 구독 리소스 자체를 작성하자. 여기 매니페스트의 예제가 있다.

```
apiVersion: operators.coreos.com/v1alpha1
kind: Subscription
metadata:
  name: etcd-subscription
  namespace: default ❶
spec:
  name: etcd ❷
  source: operatorhubio-catalog ❸
  sourceNamespace: olm
  channel: singlenamespace-alpha ❹
```

❶ 이 매니페스트는 기본 네임스페이스에 구독과 그에 따른 오퍼레이터 디플로이먼트를 설치한다.

❷ packagemanifest API 호출을 통해 발견한, 설치될 오퍼레이터 이름이다.

❸ source와 sourceNamespace는 설치하려는 오퍼레이터를 제공하는 카탈로그 소스를 찾을 위치를 기술한다.

❹ OLM은 singlenamespace-alpha 채널에서 오퍼레이터를 설치할 것이다.

다른 리소스와 마찬가지로 kubectl apply를 사용해 구독을 생성한다(이 명령은 위의 구독 YAML이 sub.yaml이라는 파일에 저장되어 있다고 가정한다).

```
$ kubectl apply -f sub.yaml
subscription.operators.coreos.com/etcd-subscription created
```

오퍼레이터 둘러보기

구독을 생성하면 여러 가지 일이 발생한다. 리소스 계층 구조의 최상위 수준에서 OLM은 기본 네임스페이스에 ClusterServiceVersion 리소스를 만든다.

```
$ kubectl get csv -n default
NAME                 DISPLAY   VERSION   REPLACES              PHASE
etcdoperator.v0.9.4  etcd      0.9.4     etcdoperator.v0.9.2   Succeeded
```

실질적으로 구독이 CSV를 설치한다. RPM 비유에서 패키지와 같다. OLM은 CSV에 정의된 오퍼레이터 설치 단계를 수행해 오퍼레이터 파드 자체를 생성한다. 또한 OLM은 설치 과정에서 발생하는 이벤트를 저장하며, 다음과 같이 describe 명령을 사용해 이 정보를 볼 수 있다.

```
$ kubectl describe csv/etcdoperator.v0.9.4 -n default
[...]
Events:
operator-lifecycle-manager requirements not yet checked
one or more requirements couldn't be found
all requirements found, attempting install
waiting for install components to report healthy
installing: ComponentMissing: missing deployment with name=etcd-operator
installing: ComponentMissing: missing deployment with name=etcd-operator
installing: Waiting: waiting for deployment etcd-operator to become ready:
  Waiting for rollout to finish: 0 of 1 updated replicas are available...
install strategy completed with no errors
```

 여기서 출력은 페이지에 맞추어 편집됐다. 여러분의 결과는 약간 다를 수 있으며 이벤트당 더 많은 데이터를 포함할 것이다.

OLM은 CSV에 포함된 디플로이먼트 템플릿을 기반으로 오퍼레이터 파드를 생성한다. 리소스 소유 계층 구조를 계속해서 따라 내려가면, OLM이 디플로이먼트 리소스를 생성함을 확인할 수 있다.

```
$ kubectl get deployment -n default
NAME            READY   UP-TO-DATE   AVAILABLE   AGE
etcd-operator   1/1     1            1           3m42s
```

이 디플로이먼트의 세부 정보에는 CSV와 디플로이먼트 간의 소유관계가 명시적으로 표시된다.

```
$ kubectl get deployment/etcd-operator -n default -o yaml
[...]
ownerReferences:
  - apiVersion: operators.coreos.com/v1alpha1
```

```
        blockOwnerDeletion: false
        controller: false
        kind: ClusterServiceVersion
        name: etcdoperator.v0.9.4
        uid: 564c15d9-ab49-439f-8ea4-8c140f55e641
[...]
```

당연하게도 디플로이먼트는 리소스 정의에 따라 여러 파드를 만든다. etcd 오퍼레이터의 경우, CSV가 오퍼레이터의 디플로이먼트에 3개의 파드를 요구하는 것으로 정의한다.

```
$ kubectl get pods -n default
NAME                             READY   STATUS    RESTARTS   AGE
etcd-operator-c4bc4fb66-zg22g    3/3     Running   0          6m4s
```

요약하면, 구독을 만들면서 다음과 같은 일이 일어났다.

- OLM은 구독과 동일한 네임스페이스에 CSV 리소스를 만든다. 이 CSV에는 무엇보다도 오퍼레이터 자체의 배포에 대한 매니페스트가 포함되어 있다.
- OLM은 디플로이먼트 매니페스트를 사용해 오퍼레이터에 대한 디플로이먼트 리소스를 만든다. 해당 리소스의 소유자는 CSV 자체다.
- 디플로이먼트로 인해 오퍼레이터 자체에 대한 복제 세트와 파드가 생성된다.

오퍼레이터 삭제하기

OLM 배포된 오퍼레이터를 삭제하는 일은 단순한 디플로이먼트 리소스로 작업할 때처럼 간단하지 않다.

디플로이먼트 리소스는 파드에 대한 설치 지침으로 동작한다. 사용자 개입 또는 파드 자체의 오류로 인해 파드가 제거되면 쿠버네티스는 원하는 배포 상태와 실제 파드 수의 차이를 감지한다.

거의 동일한 방식으로 CSV 리소스는 오퍼레이터의 설치 지침으로 동작한다. CSV는 종종 이 계획을 이행하기 위해 디플로이먼트가 존재해야 함을 표시한다. 해당 배포가 중단되면 OLM 은 시스템의 실제 상태가 CSV의 원하는 상태와 일치하도록 필요한 단계를 수행한다.

따라서 오퍼레이터의 디플로이먼트 리소스를 단순히 삭제하는 것만으로는 충분하지 않다. 대신 CSV 리소스를 삭제하면 OLM에서 배포한 오퍼레이터는 삭제된다.

```
$ kubectl delete csv/etcdoperator.v0.9.4
clusterserviceversion.operators.coreos.com "etcdoperator.v0.9.4" deleted
```

OLM은 오퍼레이터의 디플로이먼트 리소스들과 최초 CSV가 배포됐을 때 생성한 리소스들 을 삭제하는 작업을 처리한다.

또한 향후 OLM에서 새 CSV 버전을 설치하지 못하게 하려면 구독을 삭제해야 한다.

```
$ kubectl delete subscription/etcd-subscription
subscription.operators.coreos.com "etcd-subscription" deleted
```

OLM 번들 메타데이터 파일

OLM 번들은 오퍼레이터를 설치하는 데 필요한 세부 정보를 제공한다. 번들에는 해당 오퍼 레이터의 가용한 모든 버전에 대해 다음과 같이 필요한 모든 정보가 포함되어 있다.

- 사용자가 구독할 수 있는 하나 이상의 **채널**을 제공해 오퍼레이터에게 유연한 딜리버 리 구조를 제공한다.
- 오퍼레이터가 작동하는 데 필요한 CRD를 배포한다.
- 오퍼레이터 디플로이먼트를 만드는 방법에 대해 OLM에 설명한다.
- UI에서 해당 필드를 렌더링하는 방법에 대한 힌트를 포함하여 각 CRD 스펙 필드에 대한 추가 정보를 포함한다.

OLM 번들에는 CRD, 클러스터 서비스 버전 파일, 패키지 매니페스트 파일이라는 세 가지 타입의 파일이 있다.

CRD

오퍼레이터는 CRD를 통해 작동해야 하므로 OLM 번들에 CRD가 포함된다. OLM은 CRD와 오퍼레이터를 함께 설치한다. OLM 번들 개발자는 대상 오퍼레이터를 지원하기 위해 기존의 CRD 파일을 변경하거나 추가할 필요는 없다.

오퍼레이터가 가진 CRD만 포함하자. 다른 오퍼레이터에서 제공되는 모든 종속 CRD는 OLM의 종속성 해결에 의해 자동으로 설치된다(필요한 CRD 개념은 156페이지의 '소유 CRD' 절에서 다룬다).

 각 CRD는 자체 파일로 정의돼야 한다.

클러스터 서비스 버전 파일

CSV 파일은 다음을 포함하여 오퍼레이터 대한 대부분의 메타데이터를 갖는다.

- 오퍼레이터 배포 방법
- 오퍼레이터가 사용하는 CRD의 목록(해당 오퍼레이터가 소유한 것뿐만 아니라 다른 오퍼레이터들의 종속성도 포함)
- 설명, 로고, 성숙도 수준 및 관련 링크를 포함하여 오퍼레이터에 대한 메타데이터

이 파일은 매우 많은 역할을 수행하므로, 다음 절에서 파일 작성 방법을 자세히 설명한다.

패키지 매니페스트 파일

패키지 매니페스트 파일은 특정 오퍼레이터 버전을 가리키는 채널들의 목록을 기술한다. 채널의 파손 여부를 판단하고 각각의 전달 시점을 결정하는 것은 오퍼레이터 소유자의 몫이다. 따라서 우리는 채널들에 대해 안정성, 특징 및 변화율을 중심으로 기대치를 설정할 것을 강력히 권고한다.

사용자는 채널을 구독한다. OLM은 패키지 매니페스트를 사용해 가입된 채널에서 오퍼레이터의 새 버전을 사용할 수 있는지 확인하고, 사용자가 적절한 업데이트 단계를 수행할 수 있게 한다. 이 파일에 대한 자세한 내용은 163페이지의 '패키지 매니페스트 파일 작성하기' 절을 참조하자.

클러스터 서비스 버전 파일 작성하기

오퍼레이터의 각 버전에는 고유한 클러스터 서비스 버전 파일이 있다. CSV 파일은 OLM이 제공하는 사용자 지정 리소스 중 하나인 ClusterServiceVersion의 표준 쿠버네티스 매니페스트다.

이 파일의 리소스는 설치 지침 및 사용자가 오퍼레이터의 CRD와 상호작용하는 방법에 대한 추가 세부 정보를 포함하여, 특정 오퍼레이터 버전 정보를 OLM에 제공한다.

파일 스켈레톤 생성하기

CSV 파일에 포함된 데이터 양을 고려할 때 가장 쉬운 시작 지점은 오퍼레이터 SDK를 사용해 스켈레톤을 생성하는 것이다. SDK는 클러스터 서비스 버전 파일의 기본 구조로 이 스켈레톤을 빌드하고, 오퍼레이터 자체를 정의할 수 있는 최대 데이터로 이를 채울 것이다. 그것은 나머지 세부 사항들을 구체화할 수 있는 좋은 기준이 된다.

각 CSV는 특정 오퍼레이터 버전에 해당하므로 해당 버전 정보는 파일명의 구조에 반영된다.

파일명의 패턴은 오퍼레이터 이름을 사용하고 여기에 의미를 갖는^{semantic} 버전 번호를 추가하는 것이다. 예를 들어, 방문자 사이트 오퍼레이터의 CSV 파일 이름은 visitors-operator. v1.0.0.yaml과 같이 지정된다.

오퍼레이터 SDK가 스켈레톤 CSV 파일을 특정 오퍼레이터에 대한 정보로 채우려면 오퍼레이터 프로젝트의 루트에서 생성 명령을 실행해야 한다. 이 명령을 사용하는 일반적인 형식은 다음과 같다.

```
$ operator-sdk olm-catalog gen-csv --csv-version x.y.z
```

다시 말하지만, 자체 버전 번호 정책을 결정하는 일은 오퍼레이터 개발 팀의 몫이다. 일관되고 일반 사용자에게 친숙하도록, 오퍼레이터 릴리스는 유의적 버전^{Semantic Versioning}(https:// semver.org) 원칙을 따르는 것이 좋다.

방문자 사이트 오퍼레이터에서 CSV 생성 명령을 실행하면 다음과 같은 출력이 나타난다.

```
$ operator-sdk olm-catalog gen-csv --csv-version 1.0.0
INFO[0000] Generating CSV manifest version 1.0.0
INFO[0000] Fill in the following required fields in file
visitors-operator/1.0.0/visitors-operator.v1.0.0.clusterserviceversion.yaml:
    spec.keywords
    spec.maintainers
    spec.provider
INFO[0000] Created
visitors-operator/1.0.0/visitors-operator.v1.0.0.clusterserviceversion.yaml
```

기본 CSV 구조만 사용하더라도 생성된 파일은 이미 충분히 구체적이다. 상위 개념에서 살펴보면, 다음을 포함하고 있다.

- 오퍼레이터가 소유한 모든 CRD에 대한 참조(즉, 오퍼레이터 프로젝트에 정의된 CRD)
- 오퍼레이터 디플로이먼트 리소스에 대한 부분적 정의

- 오퍼레이터에서 사용될 일련의 RBAC 규칙
- 오퍼레이터가 모니터링할 네임스페이스의 범위를 지정하는 표시자^{indicator}
- 필요에 따라 수정할 수 있는 예시 CR(`metadata.annotations.alm-examples`에서 찾을 수 있음)

다음 절에서 이러한 각 구성요소들과 변경 방법을 자세히 살펴보자.

 SDK는 오퍼레이터가 사용할 이미지의 이름을 알 수 없다. 스켈레톤 파일의 디플로이먼트 디스크립터로 필드에는 'image: REPLACE_IMAGE'라고 기록되어 있다. OLM이 배포할 오퍼레이터가 사용할 이미지(예: Docker Hub 또는 Quay.io)를 가리키도록 이 값을 수정하자.

메타데이터

앞에서 언급한 것처럼 `metadata.annotations.alm-examples` 필드는 오퍼레이터가 소유한 각 CRD의 예시를 포함하고 있다. SDK는 오퍼레이터 프로젝트의 deploy/crds 디렉토리에 있는 CR 매니페스트를 사용해 초깃값으로 이 필드를 채울 것이다. 최종 사용자가 필요에 따라 추가로 사용자 정의할 수 있는 실제 데이터로 이 예제를 검토하고 구체화하자.

`alm-examples` 외에도, 매니페스트의 `spec` 섹션에서 오퍼레이터 메타데이터의 나머지 부분을 찾을 수 있다. SDK 생성 명령의 출력에서 필요에 따라 세 가지 특정 필드가 강조된다.

keywords

오퍼레이터를 설명하는 카테고리 목록(호환 UI는 디스커버리를 위해 이를 사용한다.)

maintainers

오퍼레이터 코드베이스 운영자들의 이름과 이메일 목록

provider

오퍼레이터의 공개 엔티티^{entity} 이름

다음의 etcd 오퍼레이터는 앞에서 설명한 세 가지 필수 필드를 보여준다.

```
keywords: ['etcd', 'key value', 'database', 'coreos', 'open source']
maintainers:
- name: etcd Community
  email: etcd-dev@googlegroups.com
provider:
  name: CNCF
```

또한 OperatorHub.io 같은 카탈로그에서 좀 더 강력한 목록을 생성하는 다음과 같은 메타데이터 필드를 제공하자.

displayName

    사용자에게 친숙한 오퍼레이터 이름

description

    오퍼레이터의 기능을 설명하는 문자열(다중 문자열에 대한 YAML 구조를 사용해 추가 표시 정보를 제공할 수 있다.)

version

    새로운 오퍼레이터 이미지가 게시될 때마다 증가하는 오퍼레이터의 유의적 버전

replaces

    이 CSV가 변경하는 오퍼레이터 버전(있는 경우)

icon

    호환 UI에서 사용할, base64로 인코딩된 이미지

maturity

    해당 릴리스에 포함된 오퍼레이터의 성숙도(alpha, beta, stable)

links

    문서, 퀵스타트 가이드 또는 블로그 항목과 같이 오퍼레이터와 관련된 링크 목록

minKubeVersion

오퍼레이터를 배포할 수 있는 쿠버네티스 최소 버전('Major.Minor.Patch' 형식, 예: 1.13.0)

소유 CRD

오퍼레이터를 설치하려면, OLM이 사용하는 모든 CRD에 대해 알아야 한다. 이들은 오퍼레이터가 소유한 것과 의존성으로 사용되는 것의 두 가지 형태로 나타난다(의존성은 CSV 용어로 '필수required' CRD라고 하고, 다음 절에서 다룰 것이다).

SDK가 스켈레톤을 생성할 때, spec.customresourcedefinitions 섹션을 CSV 파일에 추가한다. 또한 kind, name, version 같은 정보를 식별하는 것을 포함하여, 오퍼레이터가 정의한 각 CRD에 대한 항목으로 owned 섹션을 채운다. 그러나 OLM 번들이 유효하기 전에 수동으로 추가해야 하는 필드가 더 많다.

다음은 각각의 소유 CRD에 대해 설정해야 하는 필수 필드다.

displayName

사용자에게 친숙한 CR 이름

description

CR이 나타내는 것에 대한 정보

resources

CR에 의해 생성될 쿠버네티스 리소스 타입들의 목록

resources 목록은 완전할 필요는 없다. 오히려 사용자와 관련된 가시적인 리소스만을 나열해야 한다. 예를 들어 서비스 및 디플로이먼트 리소스처럼 최종 사용자와 상호작용하는 항목은 나열해야 하지만, 사용자가 직접 조작하지 않는 내부의 ConfigMap은 생략해야 한다.

오퍼레이터가 생성하는 해당 타입별 리소스의 개수와는 관계없이, 각 리소스 타입별로 하나의 인스턴스만 포함하면 된다. 예를 들어, CR이 여러 개의 디플로이먼트를 생성하는 경우에는 디플로이먼트 리소스 타입을 한 번만 나열하면 된다.

하나 이상의 디플로이먼트와 서비스를 작성하는 CR의 예제 목록은 다음과 같다.

```
resources:
- kind: Service
  version: v1
- kind: Deployment
  version: v1
```

소유한 각 리소스에는 추가해야 하는 두 가지 필드(specDescriptors, statusDescriptors)가 있다. 이 필드들은 CR에 제공될 spec 및 status 필드에 대한 추가 메타데이터를 제공한다. 호환 UI는 이 추가 정보를 사용해 사용자를 위한 인터페이스를 렌더링할 수 있다.

CR의 스펙에 있는 각 필드에 대해 specDescriptors 필드에 항목을 추가하자. 각 항목에는 다음과 같은 내용이 포함돼야 한다.

displayName

    사용자에게 친숙한 필드 이름

description

    필드가 나타내는 것에 대한 정보

path

    객체에서 점으로 구분된 필드 경로

x-descriptors

    필드 기능에 대한 UI 구성요소 정보

표 8-1에는 호환 가능한 UI에서 일반적으로 지원되는 디스크립터가 나열되어 있다.

표 8-1 일반적으로 사용되는 스펙 디스크립터

타입	디스크립터 문자열
불린(Boolean) 스위치	urn:alm:descriptor:com.tectonic.ui:booleanSwitch
체크박스	urn:alm:descriptor:com.tectonic.ui:checkbox
엔드포인트	list urn:alm:descriptor:com.tectonic.ui:endpointList
이미지 동기화 정책	urn:alm:descriptor:com.tectonic.ui:imagePullPolicy
라벨	urn:alm:descriptor:com.tectonic.ui:label
네임스페이스 선택자	urn:alm:descriptor:com.tectonic.ui:namespaceSelector
노드	affinity urn:alm:descriptor:com.tectonic.ui:nodeAffinity
숫자	urn:alm:descriptor:com.tectonic.ui:number
패스워드	urn:alm:descriptor:com.tectonic.ui:password
파드 친화성	urn:alm:descriptor:com.tectonic.ui:podAffinity
파드 반친화성	urn:alm:descriptor:com.tectonic.ui:podAntiAffinity
리소스 요구사항	urn:alm:descriptor:com.tectonic.ui:resourceRequirements
선택자	urn:alm:descriptor:com.tectonic.ui:selector:
본문	urn:alm:descriptor:com.tectonic.ui:text
변경 정책	urn:alm:descriptor:com.tectonic.ui:updateStrategy

statusDescriptors 필드의 구조는 사용자가 지정해야 하는 동일한 필드를 포함하고 있어 유사하다. 유일한 차이점은 유효 디스크립터의 세트로, 표 8-2에 나열되어 있다.

표 8-2 일반적으로 사용되는 상태 디스크립터

타입	디스크립터 문자열
상태	urn:alm:descriptor:io.kubernetes.conditions
쿠버네티스 단계 이유	urn:alm:descriptor:io.kubernetes.phase:reason
쿠버네티스 단계	urn:alm:descriptor:io.kubernetes.phase
파드 개수	urn:alm:descriptor:com.tectonic.ui:podCount

타입	디스크립터 문자열
파드 상태	urn:alm:descriptor:com.tectonic.ui:podStatuses
프로메테우스 엔드포인트	urn:alm:descriptor:prometheusEndpoint
문장	urn:alm:descriptor:text
웹 링크	urn:alm:descriptor:org.w3:link

예를 들어, 다음 예시는 etcd 오퍼레이터에 대한 디스크립터들 중 일부를 나타낸다.

```
specDescriptors:
- description: The desired number of member Pods for the etcd cluster.
    displayName: Size
    path: size
    x-descriptors:
    - 'urn:alm:descriptor:com.tectonic.ui:podCount'
- description: Limits describes the minimum/maximum amount of compute
                resources required/allowed
    displayName: Resource Requirements
    path: pod.resources
    x-descriptors:
    - 'urn:alm:descriptor:com.tectonic.ui:resourceRequirements'


statusDescriptors:
- description: The status of each of the member Pods for the etcd cluster.
    displayName: Member Status
    path: members
    x-descriptors:
    - 'urn:alm:descriptor:com.tectonic.ui:podStatuses'
- description: The current size of the etcd cluster.
    displayName: Cluster Size
    path: size
- description: The current status of the etcd cluster.
    displayName: Status
    path: phase
    x-descriptors:
    - 'urn:alm:descriptor:io.kubernetes.phase'
- description: Explanation for the current status of the cluster.
```

```
displayName: Status Details
path: reason
x-descriptors:
- 'urn:alm:descriptor:io.kubernetes.phase:reason'
```

필수 CRD

오퍼레이터가 사용하지만 직접적으로 소유하지 않은 CR은 '필수required'로 지정된다. 오퍼레이터를 설치할 때 OLM은 필수 CRD를 제공하는 적절한 오퍼레이터를 찾아서 설치한다. 이를 통해 오퍼레이터는 필요할 때 결합과 의존성 해결을 활용하면서 제한된 범위를 유지할 수 있다.

CSV의 required 섹션은 선택사항이다. 쿠버네티스에서 제공하지 않는 외부 리소스를 사용해야 하는 오퍼레이터만 이 섹션을 갖고 있다.

각각의 필수 CRD는 다음을 사용해 지정된다.

name

필요한 CRD를 식별하는 데 사용되는 전체 이름

version

원하는 CRD 버전

kind

쿠버네티스 리소스 종류(호환 UI에서 사용자에게 표시됨)

displayName

사용자에게 친숙한 필드 이름(호환 UI에서 사용자에게 표시됨)

description

필수 CRD의 사용 방법에 대한 정보(호환 UI에서 사용자에게 표시됨)

예를 들어, 다음은 EtcdCluster가 다른 오퍼레이터의 필수 CRD임을 나타낸다.

```
required:
- name: etcdclusters.etcd.database.coreos.com
  version: v1beta2
  kind: EtcdCluster
  displayName: etcd Cluster
  description: Represents a cluster of etcd nodes.
```

각각의 필수 CRD에 대해 required 필드 아래에 하나의 항목이 필요하다.

설치 모드

CSV의 설치 모드 섹션은 OLM에게 오퍼레이터 배포 방법을 알려준다. 네 가지 옵션이 있으며, 모든 옵션의 지원 여부를 나타내는 자체 플래그와 함께 installModes 필드에 있다. 오퍼레이터 SDK는 CSV를 생성할 때 이러한 각 옵션에 대한 기본값 세트를 추가한다.

다음과 같은 설치 모드가 지원된다.

OwnNamespace

　　설치된 네임스페이스를 선택한 OperatorGroup에 오퍼레이터를 배포할 수 있다.

SingleNamespace

　　하나의 네임스페이스를 선택한 OperatorGroup에 오퍼레이터를 배포할 수 있다.

MultiNamespace

　　하나 이상의 네임스페이스를 선택한 OperatorGroup에 오퍼레이터를 배포할 수 있다.

AllNamespaces

　　모든 네임스페이스(targetNamespace: ""로 정의됨)를 선택한 OperatorGroup에 오퍼레이터를 배포할 수 있다.

다음 코드는 생성 단계에서 SDK가 설정한 기본값을 사용해 이 필드를 구성하는 올바른 방법을 보여준다.

```
installModes:
- type: OwnNamespace
  supported: true
- type: SingleNamespace
  supported: true
- type: MultiNamespace
  supported: false
- type: AllNamespaces
  supported: true
```

버전 관리 및 업데이트

이름 그대로, 각 클러스터 서비스 버전 파일은 오퍼레이터의 단일 버전을 나타낸다. 오퍼레이터의 후속 버전은 각각 고유한 CSV 파일을 갖는다. 대부분의 경우, 이전 버전의 사본을 적절하게 수정해 사용한다.

다음은 오퍼레이터의 버전별로 수행해야 할 일반적인 변경사항을 설명한다(전체 목록은 아니며, 추가 변경이 필요하지 않도록 파일의 전체 내용을 신중히 검토하자).

- 오퍼레이터의 새 버전을 반영하도록 새 CSV 파일명으로 변경하자.
- CSV 파일의 `metadata.name` 필드를 새 버전으로 변경하자.
- `spec.version` 필드를 새 버전으로 변경하자.
- `spec.replaces` 필드를 변경해 새 버전으로 업그레이드 중인 CSV의 이전 버전을 나타낸다.
- 대부분의 경우, 새로운 CSV는 오퍼레이터 자체의 새로운 이미지를 의미한다. 올바른 이미지를 참조하도록 `spec.containers.image` 필드를 적절하게 변경하자.

- CRD가 변경되면 CSV 파일에서 CRD 참조 영역의 specDescriptor 및 statusDescriptor 필드를 변경해야 할 수 있다.

이러한 변경으로 새 버전의 오퍼레이터가 생성되지만, 채널에 표시될 때까지 사용자가 해당 버전에 접근할 수 없다. 적절한 채널에 대한 새 CSV 파일을 참조하도록 *.package.yaml 파일을 변경하자(이 파일에 관한 자세한 내용은 다음 절을 참조하라).

 OLM에서 릴리스되어 사용되면 기존 CSV 파일을 수정하면 안 된다. 대신에 그 파일의 새로운 버전에 수정하고 채널을 사용해 사용자에게 전파하자.

패키지 매니페스트 파일 작성하기

클러스터 서비스 버전[CSV] 파일을 작성하는 방법과 비교하면 패키지 매니페스트를 작성하는 방법은 훨씬 쉽다. 패키지 파일에는 세 가지 필드가 필요하다.

packageName

오퍼레이터 자체의 이름(CSV 파일에 사용된 값과 일치해야 한다.)

channels

오퍼레이터의 버전 제공을 위한 모든 채널 목록

defaultChannel

사용자가 기본으로 구독해야 하는 채널 이름

채널 필드의 각 항목은 다음 두 가지 항목으로 구성된다.

name

채널 이름(사용자는 이것을 구독한다.)

currentCSV

> 채널을 통해 현재 설치된 CSV 파일의 전체 이름(접미사 '.yaml'을 제외한 오퍼레이터의 이름
> 을 포함하고 있다.)

지원되는 채널에 대한 정책을 결정하는 일은 오퍼레이터의 팀에게 맡겨져 있다.

다음 예시는 2개의 채널을 통해 방문자 사이트 오퍼레이터를 분산 배포한다.

```
packageName: visitors-operator
channels:
- name: stable
  currentCSV: visitors-operator.v1.0.0
- name: testing
  currentCSV: visitors-operator.v1.1.0
defaultChannel: stable
```

로컬 환경에서 실행하기

필요한 번들 파일을 작성했으면, 번들을 빌드하고 Minikube에서 시작한 것과 같은 로컬 클
러스터에서 테스트해야 한다. 다음 절에서는 클러스터에 OLM을 설치하고 OLM 번들을 구
축한 다음, 오퍼레이터를 설치하기 위해 채널을 구독하는 프로세스를 설명한다.

전제 조건

이 절에서는 OLM을 실행하는 데 필요한 변경사항뿐만 아니라, OLM 저장소를 살펴보도록
OLM을 구성하는 데 필요한 변경사항을 다룬다. 이 단계는 클러스터에서 한 번만 완료하면
된다. 169페이지의 'OLM 번들 만들기'에서는 오퍼레이터의 반복적인 개발 및 테스트에 대
해 다룬다.

마켓플레이스 오퍼레이터 설치

마켓플레이스 오퍼레이터^{Marketplace Operator}는 외부 데이터 저장소에서 오퍼레이터를 가져온다. 8장에서는 Quay.io를 사용해 OLM 번들을 호스팅한다.

 마켓플레이스 오퍼레이터는 그 이름과는 다르게 특정 오퍼레이터 소스와는 관련이 없다. 그것은 단순히 호환되는 외부 스토어에서 오퍼레이터를 가져오는 통로 역할을 한다. 이러한 사이트 중 하나는 OperatorHub.io이며 10장에서 설명한다.

CRD가 오퍼레이터의 API를 나타낸다는 개념에 따라 마켓플레이스 오퍼레이터를 설치하면 다음과 같은 두 가지 CRD가 도입된다.

- OperatorSource 리소스는 OLM 번들에 대한 외부 호스팅 레지스트리를 기술한다. 이 예에서는 무료 이미지 호스팅 사이트인 Quay.io를 사용한다.
- CatalogSourceConfig 리소스는 OperatorSource와 OLM을 연결한다. Operator Source는 자동으로 CatalogSourceConfig 리소스를 생성하고, 이 타입과 명시적으로 상호작용할 필요가 없다.

 마켓플레이스 오퍼레이터는 OLM과 마찬가지로 진화하는 프로젝트다. 따라서 깃허브 저장소 (https://oreil.ly/ VNOrU)를 참조해 현재 릴리스에 대한 최신 설치 지침을 확인하자.

현재는 마켓플레이스 오퍼레이터의 정식 릴리스가 없으므로, 업스트림 저장소를 복제하고 포함된 매니페스트를 사용해 설치한다.

```
$ git clone https://github.com/operator-framework/operator-marketplace.git
$ cd operator-marketplace
$ kubectl apply -f deploy/upstream/
namespace/marketplace created
customresourcedefinition.apiextensions.k8s.io/catalogsourceconfigs.....
customresourcedefinition.apiextensions.k8s.io/operatorsources.operators....
```

```
serviceaccount/marketplace-operator created
clusterrole.rbac.authorization.k8s.io/marketplace-operator created
role.rbac.authorization.k8s.io/marketplace-operator created
clusterrolebinding.rbac.authorization.k8s.io/marketplace-operator created
rolebinding.rbac.authorization.k8s.io/marketplace-operator created
operatorsource.operators.coreos.com/upstream-community-operators created
deployment.apps/marketplace-operator created
```

marketplace 네임스페이스가 생성됐는지 확인하면 설치 여부를 확인할 수 있다.

```
$ kubectl get ns marketplace
NAME          STATUS   AGE
marketplace   Active   4m19s
```

오퍼레이터 운반자 설치

오퍼레이터 운반자^{Operator Courier}는 OLM 번들을 빌드하고 저장소로 푸시하는 데 사용되는 클라이언트 측 도구다. 이것은 번들 파일의 내용을 확인하는 데도 사용된다.

파이썬^{Python} 패키지 설치 프로그램인 pip를 사용해 오퍼레이터 운반자를 설치할 수 있다.

```
$ pip3 install operator-courier
```

설치 후 명령행에서 오퍼레이터 운반자를 실행할 수 있다.

```
$ operator-courier
usage: operator-courier <command> [<args>]

These are the commands you can use:
    verify     Create a bundle and test it for correctness.
    push       Create a bundle, test it, and push it to an app registry.
    nest       Take a flat to-be-bundled directory and version nest it.
    flatten    Create a flat directory from versioned operator bundle yaml files.
```

Quay 토큰 가져오기

Quay.io는 컨테이너 이미지를 위한 무료 호스팅 사이트다. 여기서 OLM 번들을 호스팅하여 오퍼레이터 마켓플레이스에 제공하는 데 Quay.io를 사용할 것이다.

신규 사용자는 웹사이트(https://quay.io/)를 통해 무료 Quay.io 계정에 가입할 수 있다.

오퍼레이터 운반자가 OLM 번들을 Quay.io 계정으로 푸시하려면 인증 토큰이 필요하다. 웹 UI를 통해 토큰에 접근할 수 있지만, 아래에 지시된 것처럼 사용자 이름과 비밀번호를 변경한 스크립트를 사용하면 명령행에서도 토큰을 가져올 수 있다.

```
USERNAME=<quay.io username>
PASSWORD=<quay.io password>
URL=https://quay.io/cnr/api/v1/users/login

TOKEN_JSON=$(curl -s -H "Content-Type: application/json" -XPOST $URL -d \
'{"user":{"username":"'"${USERNAME}"'","password": "'"${PASSWORD}"'"}}')

echo `echo $TOKEN_JSON | awk '{split($0,a,"\""); print a[4]}'`
```

이 스크립트의 대화식 버전은 이 책의 깃허브 저장소(https://github.com/kubernetes-operators-book/chapters/blob/master/ch08/get-quay-token)에서 제공된다.

나중에 번들을 Quay.io로 푸시할 때 이 토큰을 사용하므로 접근 가능한 곳에 저장하자. 이 스크립트의 출력에는 검색된 토큰을 환경 변수로 저장하는 명령이 기록되어 있다.

OperatorSource 생성

OperatorSource 리소스는 오퍼레이터 번들을 호스팅하는 데 사용되는 외부 데이터 저장소를 정의한다. 여기서는 호스팅된 OLM 번들에 대한 접근을 제공하는 Quay.io 계정을 가리키도록 OperatorSource를 정의하자.

샘플 OperatorSource 매니페스트는 다음과 같다. 단, <QUAY_USERNAME>은 모두 Quay.io 사용자명으로 바꿔야 한다.

```
apiVersion: operators.coreos.com/v1
kind: OperatorSource
metadata:
  name: <QUAY_USERNAME>-operators ❶
  namespace: marketplace
spec:
  type: appregistry
  endpoint: https://quay.io/cnr
  registryNamespace: <QUAY_USERNAME>
```

❶ 사용자명을 사용하는 것은 어려운 요구사항이 아니며, OperatorSource 이름의 고유성을 보장하는 간단한 방법일 뿐이다.

OperatorSource 매니페스트를 작성한 후 다음 명령을 사용해 리소스를 생성한다(매니페스트 파일 이름이 operator-source.yaml이라고 가정한다).

```
$ kubectl apply -f operator-source.yaml
```

OperatorSource가 올바르게 배포됐는지 확인하기 위해 marketplace 네임스페이스에서 알려진 모든 OperatorSource 목록을 확인하자.

```
$ kubectl get opsrc -n marketplace
NAME              TYPE         ENDPOINT             REGISTRY  STATUS
jdob-operators    appregistry  https://quay.io/cnr  jdob      Failed ❶
```

❶ 소스를 생성할 때 엔드포인트에 번들이 없으면 상태는 Failed가 된다. 지금은 이것을 무시해도 되고, 나중에 번들을 업로드하고 목록을 새로 고칠 것이다.

 표시된 출력은 가독성을 위해 뒷부분을 축약했다. 실행 시 보이는 결과는 약간 다를 수 있다.

168

OperatorSource가 처음 생성될 때 사용자의 Quay.io 애플리케이션 목록에 OLM 번들이 없으면 실행은 실패할 수 있다. 이후 단계에서 번들을 생성하고 배포하면, 그 후 OperatorSource가 올바르게 시작될 것이다. 이 단계는 한 번만 수행하면 되므로 전제 조건으로 포함했으며, OLM 번들을 업데이트하거나 동일한 Quay.io 네임스페이스에서 새 번들을 만들 때 OperatorSource 리소스를 재사용할 것이다.

또한 OperatorSource를 만들면 CatalogSource가 만들어진다. 이 리소스에 대한 추가 작업이 필요하지 않지만, marketplace 네임스페이스를 확인해 해당 리소스의 존재 여부를 확인할 수 있다.

```
$ kubectl get catalogsource -n marketplace
NAME              NAME      TYPE    PUBLISHER    AGE
jdob-operators              grpc                 6m5s
[...]
```

OLM 번들 만들기

최초의 전제 조건을 설치했으면 대부분의 시간이 빌드와 테스트 사이클에 소비된다. 이 절에서는 Quay.io에서 OLM 번들을 빌드하고 호스팅하는 데 필요한 단계를 다룬다.

문법 체크하기

OLM 번들은 오퍼레이터 운반자의 verify 명령을 사용해 검증된다.

```
$ operator-courier verify $OLM_FILES_DIRECTORY
```

번들을 Quay.io로 푸시하기

메타데이터 파일이 검증을 통과해 테스트할 준비가 되면 오퍼레이터 운반자는 OLM 번들을 Quay.io 계정으로 업로드한다. push 명령을 사용할 때 여러 개의 필수 매개변수(및 일부 선택적 매개변수)가 있다.

```
$ operator-courier push
usage: operator-courier [-h] [--validation-output VALIDATION_OUTPUT]
source_dir namespace repository release token
```

다음은 방문자 사이트 오퍼레이터를 위한 푸시 예시다.

```
OPERATOR_DIR=visitors-olm/
QUAY_NAMESPACE=jdob
PACKAGE_NAME=visitors-operator
PACKAGE_VERSION=1.0.0
QUAY_TOKEN=***** ❶
$ operator-courier push "$OPERATOR_DIR" "$QUAY_NAMESPACE" \
"$PACKAGE_NAME" "$PACKAGE_VERSION" "$QUAY_TOKEN"
```

❶ QUAY_TOKEN은 접두사 'basic'을 포함한 전체 토큰이다. 이 절의 앞부분에서 소개한 스
크립트를 사용해 이 변수를 설정할 수 있다.

 기본적으로, 이런 방식으로 Quay.io에 푸시된 번들은 비공개로 표시된다. https://
quay.io/application/에서 해당 이미지로 이동해 클러스터에서 접근할 수 있도록 공
개로 설정하자.

오퍼레이터 번들은 이제 테스트할 준비가 됐다. 후속 버전의 경우 CSV 파일의 새 버전에 따
라 PACKAGE_VERSION 변수를 수정하고(162페이지의 '버전 관리 및 업데이트' 절 참조) 새 번들을 푸시
하자.

OperatorSource 재시작하기

OperatorSource는 시작 시 구성된 Quay.io 계정에서 오퍼레이터 목록을 읽는다. 새 오퍼
레이터 또는 새 버전의 CSV 파일을 업로드한 후 변경사항을 적용하려면 OperatorSource
파드를 다시 시작해야 한다.

파드 이름은 그 OperatorSource와 같은 이름으로 시작한다. 'jdob'를 Quay.io 사용자명으로 하는 이전 절의 OperatorSource 예제를 사용해 OperatorSource를 다시 시작하는 방법은 다음과 같다.

```
$ kubectl get pods -n marketplace
NAME                                      READY   STATUS    RESTARTS   AGE
jdob-operators-5969c68d68-vfff6           1/1     Running   0          34s
marketplace-operator-bb555bb7f-sxj7d      1/1     Running   0          102m
upstream-community-operators-588bf67cfc   1/1     Running   0          101m

$ kubectl delete pod jdob-operators-5969c68d68-vfff6 -n marketplace
pod "jdob-operators-5969c68d68-vfff6" deleted

$ kubectl get pods -n marketplace
NAME                                      READY   STATUS    RESTARTS   AGE
jdob-operators-5969c68d68-6w8tm           1/1     Running   0          12s ❶
marketplace-operator-bb555bb7f-sxj7d      1/1     Running   0          102m
upstream-community-operators-588bf67cfc   1/1     Running   0          102m
```

❶ 새로 시작한 파드 이름의 접미사는 원래 파드의 것과 다르므로 새 파드가 만들어졌음을 확인할 수 있다.

언제든지 OperatorSource에 질의해 알려진 오퍼레이터 목록을 확인할 수 있다.

```
$ OP_SRC_NAME=jdob-operators
$ kubectl get opsrc $OP_SRC_NAME \
-o=custom-columns=NAME:.metadata.name,PACKAGES:.status.packages \
-n marketplace
NAME             PACKAGES
jdob-operators   visitors-operator
```

OLM을 통한 오퍼레이터 설치

번들을 검색하도록 마켓플레이스 오퍼레이터를 구성한 후에는, 지원되는 채널 중 하나에 대한 구독을 생성해 번들을 테스트하자. OLM은 구독에 반응해 해당 오퍼레이터를 설치한다.

OperatorGroup 만들기

오퍼레이터가 모니터링해야 할 네임스페이스를 지정하려면 OperatorGroup이 필요하다. OperatorGroup은 오퍼레이터를 배치할 네임스페이스에 있어야 한다. 테스트하는 동안 단순성을 위해, 여기서 정의한 OperatorGroup 예제에서는 오퍼레이터를 기존 marketplace 네임스페이스에 배포하자.

```
apiVersion: operators.coreos.com/v1alpha2
kind: OperatorGroup
metadata:
  name: book-operatorgroup
  namespace: marketplace
spec:
  targetNamespaces:
  - marketplace
```

다른 쿠버네티스 리소스와 마찬가지로 kubectl apply 명령을 사용해 OperatorGroup을 만든다.

```
$ kubectl apply -f operator-group.yaml
operatorgroup.operators.coreos.com/book-operatorgroup created
```

구독 생성하기

구독은 오퍼레이터와 해당 채널 중 하나를 선택해 이전 단계를 함께 연결한다. OLM은 이 정보를 사용해 해당 오퍼레이터 파드를 시작한다.

다음 예제에서는 방문자 사이트 오퍼레이터의 stable 채널에 새 구독을 생성한다.

```
apiVersion: operators.coreos.com/v1alpha1
kind: Subscription
metadata:
  name: book-sub
  namespace: marketplace ❶
spec:
  channel: stable ❷
  name: visitors-operator
  source: jdob-operators ❸
  sourceNamespace: marketplace ❹
```

❶ 구독이 생성될 네임스페이스를 지정

❷ 패키지 매니페스트에 정의된 채널 중 하나를 선택

❸ 해당 오퍼레이터와 채널에 대해 살펴볼 OperatorSource를 식별

❹ OperatorSource의 네임스페이스를 지정

apply 명령을 사용해 구독을 작성하자.

```
$ kubectl apply -f subscription.yaml
subscription.operators.coreos.com/book-sub created
```

OLM은 새 구독에 대한 알림을 받고 marketplace 네임스페이스에서 오퍼레이터 파드를 시작할 것이다.

```
$ kubectl get pods -n marketplace
NAME                                    READY   STATUS    RESTARTS   AGE
jdob-operators-5969c68d68-6w8tm         1/1     Running   0          143m
visitors-operator-86cb966f59-l5bkg      1/1     Running   0          12s
```

여기서는 가독성을 위해 출력을 축약했다. 실행 시 보이는 결과는 약간 다를 수 있다.

실행 중인 오퍼레이터 테스트하기

OLM이 오퍼레이터를 시작하면 오퍼레이터와 동일한 타입의 CR을 작성해 이를 테스트할 수 있다. 실행 중인 오퍼레이터 테스트에 관한 자세한 내용은 6장과 7장을 참조하자.

방문자 사이트 오퍼레이터 예제

책의 깃허브 저장소(https://github.com/kubernetes-operators-book/chapters/tree/master/ch08)에서 방문자 사이트 오퍼레이터에 대한 OLM 번들 파일을 찾을 수 있다.

주의해야 할 2개의 디렉토리가 있다.

bundle

이 디렉토리에는 CSV, CRD 및 패키지 파일을 포함한 실제 OLM 번들 파일이 있다. 이 장에 요약된 프로세스를 사용하면, 이러한 파일을 사용해 방문자 사이트 오퍼레이터를 빌드하고 배치할 수 있다.

testing

이 디렉토리에는 OLM에서 오퍼레이터를 배치하는 데 필요한 추가 리소스가 있다. 여기에는 OperatorSource, OperatorGroup, 구독 및 오퍼레이터를 테스트하기 위한 샘플 CR이 포함된다.

깃허브의 Issues 탭을 통해 이러한 파일에 대한 피드백, 문제 및 질문을 제출할 수 있다.

요약

다른 소프트웨어와 마찬가지로 설치 및 업그레이드 관리는 오퍼레이터에게 중요하다. 오퍼레이터 라이프사이클 매니저^{OLM}는 이 역할을 수행해 오퍼레이터 검색, 업데이트 처리 및 안정성 확보를 위한 메커니즘을 제공한다.

관련 리소스

- OLM 설치(https://oreil.ly/cu1IP)
- OLM 저장소(https://oreil.ly/1IN19)
- 마켓플레이스 오퍼레이터 저장소(https://oreil.ly/VVvFM)
- 오퍼레이터 운반자 저장소(https://oreil.ly/d6XdP)

오퍼레이터 철학

앞에서 오퍼레이터가 해결하고자 하는 문제와 SDK를 사용해 오퍼레이터를 구축하는 방법에 대한 자세한 예시를 살펴봤다. 또한 OLM을 사용해 일관된 방식으로 오퍼레이터를 배포하는 방법도 살펴봤다. 이러한 수단들을 "오퍼레이터는 무엇을 위한 것인가?"라는 실존적 질문을 이해하기 위해 그들을 뒷받침하는 전략적인 아이디어에 연결해보자.

오퍼레이터 개념은 SRE^Site Reliability Engineering에서 유래했다. 이미 1장에서 소프트웨어 SRE로서의 오퍼레이터에 대해 이야기했다. 오퍼레이터가 이를 적용하는 방법을 이해하기 위해 주요 SRE 요소들을 살펴보자.

모든 애플리케이션에 대한 SRE

구글에서는 사용자와 기능이 끊임없이 증가하는 대형 시스템을 운영하는 데서 발생하는 어려움을 극복하기 위해 SRE를 시작했다. SRE는 서비스 확장 시 그 크기에 직접적으로 비례해 운영 팀을 키우지 않는 것을 주요 목표로 한다. 극적인 크기의 팀을 유지하지 않고도 극적인 규모의 시스템을 실행하기 위해 SRE는 배포, 운영 및 유지 보수 작업을 처리하는 코드를 작성한다. SRE는 다른 소프트웨어를 실행하고, 실행 상태를 유지하며, 시간이 지남에 따라 그것들을 관리하는 소프트웨어를 만든다. SRE는 자동화를 중심 원칙으로 하는 좀 더 광범위한 관리 및 엔지니어링 기법이다. '자동' 또는 '자율 주행' 소프트웨어와 같은 다르게 표현된 SRE의 목표를 이미 들어봤을 것이다. 그림 4-1에서 소개한 운영자 성숙도 모델에서는 이것을 '오토 파일럿'이라고 소개했다.

오퍼레이터와 오퍼레이터 프레임워크는 쿠버네티스에서 실행되는 애플리케이션에 대해 이러한 종류의 자동화를 더 쉽게 구현할 수 있도록 돕는다. 쿠버네티스는 서비스 디플로이먼트를 조정하고, 상태 비저장 애플리케이션에 대한 수평 확장 또는 장애 복구 작업을 자동으로 수행한다. 쿠버네티스는 분산된 시스템 리소스를 API 추상화로 표현한다. 오퍼레이터를 사용하면, 개발자는 복잡한 애플리케이션에도 이러한 기능을 적용할 수 있다.

베시 바이어$^{Betsy\ Beyer}$ 등의 유명한 SRE 서적인 『사이트 신뢰성 엔지니어링』(제이펍, 2018)은 SRE 원칙에 대한 권위 있는 안내서다. 이 책에서 구글 엔지니어 카를라 가이서$^{Carla\ Geisser}$의 코멘트는 SRE의 자동화 요소의 전형적인 특징을 잘 보여준다. "정상적인 운영 중에 사람이 직접 시스템에 손을 대야 할 필요가 있다면 버그가 있는 것이다."[1] SRE는 이러한 버그를 수정하는 코드를 작성한다. 오퍼레이터는 쿠버네티스에서 동작하는 광범위한 애플리케이션에 대한 수정사항을 프로그래밍할 수 있는 논리적 공간이다. 오퍼레이터는 애플리케이션이 지속적으로 운영되도록 하기 위한 정기적인 작업을 자동화함으로써 사람의 개입에 따른 버그를 줄여준다.

수고하지 말아라

SRE는 시스템 운영에 필요한 작업을 수행하는 소프트웨어를 만들어 수고로움을 줄인다. 이러한 맥락에서 수고로움은 "자동화 가능하고, 임시변통적이며, 지속적인 가치가 없고, 서비

---

1   Beyer et al. (eds.), *Site Reliability Engineering*, 119

스가 성장함에 따라 선형적으로 확장되는" 작업으로 정의된다.[2]

자동화 가능한 것: 당신의 컴퓨터가 할 작업

기계가 할 수 있는 일이라면 자동화할 수 있다. 어떤 일이 인간의 판단에 따른 통찰력을 필요로 한다면 기계는 그 일을 수행할 수 없다. 예를 들어 경비 보고서가 기계에 의한 다양한 경계 검사를 받는 경우, 일반적으로 모든 영수증에 대해 필요한 것은 아니지만 자동화 프로세스에서 범위를 벗어난 것으로 판단된 항목은 최종적인 인적 검토가 필요하다. 범위 내의 보고서에 대한 승인은 자동화될 수 있으며, 범위를 벗어난 경우에 대해 최종 승인 또는 거부하는 일은 자동화할 수 없다. 소프트웨어로 자동화할 수 있는 작업이 반복적으로 수행돼야 한다면 소프트웨어를 사용해 자동화하자. 반복 작업을 수행하는 소프트웨어를 만드는 비용은 그것이 사용되는 전체 기간에 걸쳐 상각될 수 있다.

제자리 달리기: 지속적인 가치가 없는 일

일부 작업에 대해 가치 없다고 생각하는 것이 불편할 수 있겠지만, SRE 용어에서 보면 수행해도 서비스가 바뀌지 않는 작업은 '지속적인 가치가 없는' 일이다. 데이터베이스 서버를 백업하는 일이 한 예다. 백업을 수행한다고 해서 데이터베이스의 속도가 빨라지거나, 더 많은 요청을 처리하거나, 본질적으로 더 안정적으로 되는 건 아니다. 또한 이것으로 인해 작동을 멈추는 것도 아니다. 지속적인 가치가 없음에도 불구하고 백업은 분명히 가치 있는 일이다. 이런 종류의 작업은 종종 오퍼레이터에게 적합한 일이 된다.

고통의 증가: 시스템과 함께 확장되는 작업

수평으로 확장되면서 더 많은 요청을 처리하거나 더 많은 서비스 인스턴스를 실행하는 식으

---

2   Beyer et al. (eds.), *Site Reliability Engineering*, 120.

로 서비스를 구성할 수 있다. 그런데 새로운 인스턴스를 추가하기 위해 직접적으로 엔지니어가 컴퓨터를 구성하고 네트워크에 연결해야 한다면, 그 서비스 스케일링은 결코 자동이 아닌 것이다. 이런 종류의 작업을 동반하는 최악의 경우에는, 운영 작업이 서비스에 따라 선형적으로 확장될 수 있다. 서비스가 10% 증가(10% 더 많은 사용자, 10% 더 많은 초당 요청 또는 10% 더 많은 CPU를 요구하는 새로운 기능)할 때마다 10% 더 많은 관리 작업이 필요하다는 뜻이다.

수작업 스케일링: 예전의 나쁜 방식

1장에서 소개했던 상태 비저장 웹 서버를 실행한다고 상상해보자. 3개의 VM에 3개의 인스턴스를 배포한다. 웹 서버 용량을 추가하려면 새 VM을 스핀업하고, IP 주소를 할당하고, 웹 서버 바이너리가 서비스를 위해 대기할 (IP당) 포트를 할당한다. 그런 다음 로드 밸런서에 새 엔드포인트를 알려 일부 요청을 라우팅하게 한다.

설계되고 배포된 대로, 단순한 상태 비저장 웹 서버가 수요에 따라 증가할 수 있다는 건 사실이다. 여러 인스턴스에 걸쳐 증가하는 부하를 분산시킴으로써 더 많은 사용자에게 서비스를 제공하고 더 많은 기능을 추가할 수 있다. 하지만 서비스를 운영하는 팀도 그와 함께 커질 것이다. 수천 개의 인스턴스에 의한 용량이 VM 하나를 추가한다고 해서 유의미하게 늘어나는 것은 아니기 때문에, 시스템이 커질수록 이러한 효과는 더욱 약화된다.

수평 스케일링 자동화: 쿠버네티스 복제본

쿠버네티스에 상태 비저장 웹 서버를 배포하는 경우, kubectl 명령을 사용해 확장 및 축소할 수 있다. 이것은 플랫폼 수준에서 SRE 자동화 원칙의 구현체로서 쿠버네티스의 사례다. 쿠버네티스는 웹 서버가 실행되는 인프라와 그들이 연결을 제공하는 IP 주소와 포트를 추상화한다. 스케일업할 때 각각의 새로운 웹 서버 인스턴스를 설정에 반영하거나, 스케일다운할 때 능동적으로 대상에서 IP를 해제할 필요가 없다. 트래픽을 새로운 인스턴스로 전달하기 위해 로드 밸런서를 프로그래밍할 필요도 없다. 소프트웨어가 그 일들을 대신할 것이다.

오퍼레이터: 쿠버네티스 애플리케이션 신뢰성 엔지니어링

오퍼레이터는 쿠버네티스를 확장해, 플랫폼으로 운영되는 복잡한 상태 저장 애플리케이션으로 자동화 원칙을 확장한다. 자체 클러스터링 개념으로 애플리케이션을 관리하는 오퍼레이터를 생각해보자. etcd 오퍼레이터는 장애가 발생한 클러스터 멤버를 교체할 때, 엔드포인트와 인증을 사용해 새 파드가 기존 클러스터에 참여하도록 설정하여 새로운 파드의 맵버십을 조정한다.

만약 당신이 내부 서비스 관리를 책임지는 팀에 속해 있다면, 오퍼레이터는 당신이 해당 소프트웨어에서 전문가가 수행해야 하는 작업 절차를 수집해 시스템의 '정상 운영' 상태를 자동으로 처리될 수 있는 조건까지 확장할 수 있게 한다. 만약 당신이 쿠버네티스 네이티브 애플리케이션을 개발하고 있다면, 오퍼레이터는 사용자들이 당신의 앱을 실행하고 문제를 해결하기 위해 수행하는 많은 노력을 연상하게 한다. 당신은 애플리케이션을 실행하고 업그레이드할 뿐만 아니라 오류 또는 성능 저하에 대응하는 오퍼레이터를 만들 수 있다.

쿠버네티스의 제어 루프는 리소스를 모니터링하고 원하는 상태와 일치하지 않을 때 대응한다. 오퍼레이터를 사용해 애플리케이션을 표상하는 리소스에 대한 제어 루프를 정의할 수 있다. 오퍼레이터의 첫 번째 관심사는 대개 오퍼랜드의 자동 배포와 셀프 서비스 제공이다. 성숙도 모형의 첫 번째 수준을 넘어서려면 오퍼레이터는 애플리케이션의 장애 상태와 이에 대한 수리 방법을 알아야 한다. 그런 다음 오퍼레이터를 확장해 주요 애플리케이션 지표를 관찰하고 이를 조정, 수리 또는 보고하게 할 수 있다.

애플리케이션 상태 관리

애플리케이션은 종종 복제본 간에 동기화되거나 유지돼야 하는 내부 상태를 갖고 있다. 일단 오퍼레이터가 설치 및 배포를 수행하면, 그러한 공유 상태를 동적 파드 그룹 사이에 유지함으로써 성숙도 모델을 따라 더 멀리 이동할 수 있다. 데이터베이스나 파일 서버와 같이 고유의 클러스터 개념을 가진 애플리케이션은 이러한 종류의 공유 애플리케이션 상태를 갖고 있다. 여기에는 인증 리소스, 복제 배열 또는 쓰기/읽기 관계가 포함될 수 있다. 오퍼레이터는 새 복제본에 대해 이 공유 상태를 설정하여, 새로운 맴버로 애플리케이션 클러스터를 확장하거나 복원할 수 있다. 오퍼레이터는 애플리케이션에서 사용되는 외부 리소스도 수정할 수 있다. 예를 들어, 복제본이 중단되고 새로운 것으로 대체될 때 외부 로드 밸런서의 라우팅 규칙을 조작하는 것도 고려하자.

소프트웨어로 전송되는 골든 시그널

바이어 등은 시스템 상태를 가장 명확하게 즉각적으로 감지하도록 '4개의 골든 시그널^{golden} ^{signal}'[3]을 모니터링할 것을 제안한다. 서비스 기본 운영의 이러한 특성은 오퍼레이터가 확인해야 할 사항을 계획하기에 좋은 지점이다. 이들을 일반에게 소개한 SRE 책에서 골든 시그널은 엔지니어에게 전화해야 할 정도의 중요한 시스템 상태에 관한 정보를 전달한다.[4] 오퍼레이터를 설계할 때는 당신이 직접 고칠 수 있는 버그이면서 사람에게 전화를 걸게 하는 모든 것에 대해 생각해야 한다.

SRE는 지연 시간^{latency}, 트래픽^{traffic}, 오류^{error}, 포화도^{saturation}라는 네 가지 골든 시그널을 나열한다.[5] 특정 애플리케이션의 상태를 잘 나타낼 수 있는 지표에 맞춰서 이런 네 가지 요소를 정확하게 측정하면 애플리케이션의 상태를 합리적으로 이해할 수 있다. 오퍼레이터는 이러한 시그널을 모니터링하고 알려진 상태, 문제 또는 오류가 나타나면 애플리케이션에 맞는 조치를 취할 수 있다. 좀 더 자세히 살펴보자.

지연 시간

지연 시간은 어떤 일을 하는 데 걸리는 시간이다. 일반적으로 요청과 요청 처리 완료 간 경과 시간으로 이해하면 된다. 예를 들어, 네트워크에서 지연 시간은 두 지점 간에 데이터 패킷을 전송하는 데 걸리는 시간으로 측정된다. 오퍼레이터는 게임 클라이언트의 동

---

3   Beyer et al. (eds.), *Site Reliability Engineering*, 139

4   Beyer et al. (eds.), *Site Reliability Engineering*, 140

5   Beyer et al. (eds.), *Site Reliability Engineering*, 139

작과 게임 엔진의 반응 간 지연 시간과 같은 애플리케이션별 내부 지연 시간을 측정할 수 있다.

트래픽

트래픽은 서비스 요청 빈도를 측정한다. 초당 HTTP 요청은 웹 서비스 트래픽의 표준 측정값이다. 모니터링에서는 이 측정값을 정적 자산과 동적으로 생성된 자산의 측정값으로 분리하는 경향이 있다. 데이터베이스 또는 파일 서버에 대한 초당 트랜잭션 등을 모니터링하는 것은 더욱 좋은 방법이다.

오류

오류는 HTTP 500 오류와 같이 실패한 요청이다. 웹 서비스에서는 HTTP 성공 코드를 받았지만, 성공적으로 전달된 페이지에서 스크립팅 예외 또는 기타 클라이언트 측 오류가 발생할 수도 있다. 또한 시간 제한 내에 어떤 요청에 대한 응답 보증과 같이 약간의 지연 보증이나 성능 정책을 초과하는 것도 오류로 분류할 수 있다.

포화도

포화도는 제한된 리소스에 대한 서버의 소비량을 측정하는 지표다. 일반적으로 CPU, 메모리, I/O 등 시스템에서 가장 제한된 리소스를 중점으로 측정한다. 포화도를 모니터링하는 데는 두 가지 이유가 있다. 첫째, 리소스를 100% 사용하기 전이라도 성능은 저하된다. 예를 들어, 일부 파일 시스템은 사용 가능한 공간이 감소함에 따라 파일을 만드는 데 걸리는 시간이 증가하기 때문에 약 90% 이상이 채워지면 성능이 저하된다. 거의 모든 시스템에서 비슷한 현상이 발생하므로, 일반적으로 포화도 모니터링은 100%보다 적은 수치에 대응한다. 둘째, 포화도를 측정하면 어떤 문제가 발생하기 전에 이를 예측하는 데 도움이 된다. 파일 서비스의 여유 공간을 애플리케이션이 데이터를 쓰는 속도로 나누면, 오퍼레이터는 저장 공간이 가득 찰 때까지 남은 시간을 추정할 수 있다.

오퍼레이터들이 점점 더 복잡한 작업을 요구하는 골든 시그널을 측정하고 대응함으로써 오토파일럿으로 서비스를 실행하는 데 점진적으로 다가갈 수 있다. 애플리케이션에 사람의 손길이 필요할 때마다 이 분석을 적용하고 오퍼레이터의 반복적 개발을 위한 기본 계획을 수립하자.

매우 성공적인 오퍼레이터의 7가지 습관

오퍼레이터는 2015년과 2016년에 코어OS^{CoreOS}에서 발전해 성장했다. 코어OS에서 개발됐고 레드햇으로 이어진, 그리고 더 넓은 커뮤니티에서의 오퍼레이터에 대한 사용자 경험은 쿠버네티스 오퍼레이터의 개념이 공고히 되면서 설정된 7가지 지침을 구체화하는 데 도움이 됐다.[6]

1. **오퍼레이터는 하나의 쿠버네티스 디플로이먼트로 실행돼야 한다.**

   2장에서는 OLM을 사용하지 않고 단일 매니페스트를 사용해 etcd 연산자를 설치했다. 사용자가 오퍼레이터에 대한 OLM 번들을 만들도록 CSV와 기타 정보를 제공하지만, OLM은 여전히 해당 단일 매니페스트를 사용해 사용자 대신에 오퍼레이터를 배포한다.

   종합해보면, 일반적으로 RBAC와 서비스 계정을 설정해야 하지만 단일 명령을 사용해 etcd 오퍼레이터를 쿠버네티스 클러스터에 추가할 수 있다. 이것이 그 디플로이먼트다.

   ```
   $ kubectl create -f https://raw.githubusercontent.com/\
     kubernetes-operators-book/chapters/master/ch03/
         etcd-operator-deployment.yaml
   ```

2. **오퍼레이터는 클러스터에 새로운 사용자 정의 리소스(CR) 타입을 정의해야 한다.**

   2장의 etcd 예제를 다시 생각해보자. CRD를 생성했고, 그것을 사용해 새로운 타입의 리소스인 EtcdCluster를 정의했다. 그 타입은 오퍼랜드의 인스턴스, 즉 오퍼레이터가 관리하는 실행 중인 etcd 클러스터를 나타낸다. 사용자는 애플리케이션 종류의 새로운 CR을 만들어, 새로운 애플리케이션 인스턴스를 생성한다.

---

6   Brandon Phillips, "Introducing Operators", CoreOS Blog, November 3, 2016, https://oreil.ly/PtGuh

3. **오퍼레이터는 가능할 때마다 적절하게 쿠버네티스 추상화를 사용해야 한다.**

   API 호출이 동일한 작업을 수행하는 데 좀 더 일관되고 광범위하게 테스트된 방식을 사용하고 있다면, 이를 위한 새로운 코드를 작성해서는 안 된다. 일부 매우 유용한 오퍼레이터는 애플리케이션에 적합한 방식으로 표준 리소스들의 일부 세트를 조작하는 것 이상은 거의 하지 않는다.

4. **오퍼레이터 종료가 오퍼랜드에 영향을 미쳐서는 안 된다.**

   오퍼레이터가 정지하거나 클러스터에서 삭제될 때도, 오퍼레이터가 관리하는 애플리케이션은 계속 작동해야 한다. 클러스터로 돌아가서 etcd 또는 방문자 사이트 오퍼레이터를 삭제하자. 오류를 자동으로 복구할 수는 없지만 오퍼레이터 없이도 오퍼랜드의 애플리케이션 기능을 계속 사용할 수 있다. 해당 오퍼레이터가 실행 중이 아닐 때도 방문자 사이트에 접속하거나 etcd에서 키-값 쌍을 검색할 수 있다.

   CRD를 제거하면 오퍼랜드 애플리케이션에 영향을 준다는 점에 유의하자. 실제로 CRD를 삭제하면 CR 인스턴스가 삭제된다.

5. **오퍼레이터는 이전 버전에서 생성된 리소스 타입을 지원해야 한다.**

   오퍼레이터는 이전 모델의 구조와도 역 호환돼야 한다. 초기 버전에서 정의한 리소스도 지속적으로 사용되고 지원돼야 하므로, 신중하고 단순한 설계는 매우 중요하다.

6. **오퍼레이터는 애플리케이션 업그레이드를 중재해야 한다.**

   오퍼레이터는 잠재적으로 애플리케이션 클러스터에 걸친 롤링 업그레이드를 포함하여, 그리고 문제가 있을 때 이전 버전으로 롤백할 수 있는 기능을 포함하여 오퍼랜드의 업그레이드를 중재해야 한다. 최신 소프트웨어만이 버그와 보안 취약성에 대한 최신 수정사항을 갖고 있기 때문에 소프트웨어를 최신 상태로 유지하는 것은 필수적인 작업이다. 이러한 업그레이드의 자동화는 오퍼레이터의 이상적인 작업이다.

7. 오퍼레이터는 카오스 테스트(chaos test)를 포함하여 철저히 테스트를 통과해야 한다.

애플리케이션과 인프라와의 관계는 복잡한 분산 시스템을 구성한다. 해당 시스템을 관리하기 위해서는 당신이 만든 오퍼레이터를 신뢰해야 한다. 카오스 테스트 (https://oreil.ly/K8IUR)는 예기치 않은 오류나 성능 저하를 발견하도록 의도적으로 시스템 구성요소의 장애를 발생시킨다. 시뮬레이션된 오류와 파드, 노드 및 네트워킹의 완전한 소멸을 초래하는 테스트 제품군을 구축해, 장애가 발생하거나 구성요소 사이에 종속성이 붕괴되는 지점을 확인하는 것이 좋다.

요약

오퍼레이터는 애플리케이션 성숙 단계에서 원활한 애플리케이션 설치를 의미하는 '자동 설치automatic installs'부터 오퍼랜드의 성능과 안정성에 관련된 긴급한 문제에 대응하고 수정하는 안정적 상태인 '오토 파일럿auto pilot'으로 나아가는 경향이 있다. 각 단계별로 인간의 수고로움을 좀 더 덜어낼 것이다.

오퍼레이터가 애플리케이션을 분산, 배포, 관리하게 만듦으로써 쿠버네티스에서 해당 애플리케이션을 더 쉽게 실행할 수 있게 하고, 애플리케이션은 쿠버네티스 기능을 이용할 수 있다. 여기에 요약된 7가지 습관을 따르는 오퍼레이터는 쉽게 배포할 수 있으며, OLM을 통해 오퍼레이터의 라이프사이클 동안 이것을 관리할 수 있다. 이런 오퍼레이터를 사용하면 오퍼랜드를 실행, 관리 및 잠재적으로 구현하기가 쉽다. 오퍼레이터는 애플리케이션의 골든 시그널을 모니터링함으로써 정보에 근거한 의사결정을 내릴 수 있으며, 엔지니어는 기계적인 운영 작업에서 벗어날 수 있다.

참여하기

오퍼레이터 SDK, 오퍼레이터 라이프사이클 매니저, 오퍼레이터 미터링을 포함하여 오퍼레이터 프레임워크의 모든 구성요소는 아직은 초기 단계다. 버그 보고서 제출처럼 간단한 것부터 적극적인 개발자가 되는 것에 이르기까지 다양한 기여 방법이 있다.

오퍼레이터 프레임워크의 사용자 및 개발자와 함께하는 간단한 방법은 분야별 특화 그룹 (https://groups.google.com/forum/#!forum/operator-framework) 또는 SIG를 통하는 것이다. SIG는 메일링 리스트를 사용해 향후 출시 정보, 모범 사용사례, 사용자 질문 등의 주제를 논의한다. SIG는 웹사이트를 통해 무료로 가입할 수 있다.

좀 더 직접적으로 참여하는 방법인 쿠버네티스 슬랙^{Slack} 팀(https://kubernetes.slack.com/)은 사용자와 개발자의 활발한 커뮤니티다. 'kubernetes-operators' 채널은 이 책과 관련된 주제를 다룬다.

오퍼레이터 프레임워크 깃허브(https://oreil.ly/8iDG1)에는 각 구성요소의 프로젝트 저장소들이 포함되어 있다. 오퍼레이터 SDK 샘플 저장소(https://oreil.ly/CYhac)와 같이 오퍼레이터 개발과 사용에 추가적인 도움을 줄 수 있는 다양한 보조 저장소도 있다.

기능 요청과 버그 리포트

오퍼레이터 프레임워크에 참여하는 가장 간단한 방법 중 하나는 버그 리포트를 제출하는 것이다. 프레임워크 프로젝트 팀은 깃허브의 기본 제공 이슈 추적 시스템을 사용해 미해결 이슈를 해결한다. 깃허브 프로젝트 페이지의 Issues 탭에는 각 프로젝트에 대한 트래커가 있다. 예를 들어, 오퍼레이터 SDK의 이슈 트래커는 오퍼레이터 프레임워크의 깃허브 저장소 (https://oreil.ly/l6eUM)에서 찾을 수 있다.

또한 프로젝트 팀은 이슈 트래커를 사용해 기능 요청을 관리한다. New Issue 버튼은 제출자에게 버그 리포트와 기능 요청 중 하나를 선택하라는 메시지를 표시하며, 이 요청에 자동으로 적절한 태그가 지정된다. 기능 요청을 제출하면 다양한 사용 예가 제공되며, 커뮤니티 요구에 따라 프로젝트 방향을 주도할 수도 있다.

새 이슈를 발행할 때 명심해야 할 일반적인 원칙[1]이 있다.

- **구체적으로 작성하자.** 버그 리포트의 경우, 사용하는 프로젝트 버전들과 클러스터 세부 사항을 포함하여 실행 중인 환경에 대한 최대한 많은 정보를 기록한다. 가능하면 자세한 재가공 단계를 포함시킨다. 기능 요청의 경우, 요청된 기능으로 해결되는 용례를 기록하는 것으로 시작하자. 이 내용은 기능 개발의 우선순위를 결정하는 데 도움이 되며, 개발 팀이 요청을 수행하는 더 나은 방법이 있는지 또는 기존 방법을 사용할 수 있는지 여부를 결정하는 데 도움이 된다.
- **범위를 단일 버그로 제한하자.** 하나의 다각적인 문제에 대한 리포트보다는 개별적으로 분할된 여러 개의 보고서들이 심사하고 추적하기에 더 쉽다.
- **적용할 프로젝트를 선택하자.** 예를 들어, 이슈가 OLM과 함께 동작하는 데 특별하게 적용되는 경우라면 해당 저장소에 이슈를 생성한다. 일부 버그의 경우, 문제가 발생한 위치를 확인하지 못할 수도 있다. 이 경우 가장 적합한 프로젝트 저장소를 선택하면 개발 팀이 적절하게 구분할 수 있다.

---

1 https://oreil.ly/sU3rW와 https://oreil.ly/m81qp에서 예제 이슈를 확인하자.

- 비슷한 이슈가 이미 존재한다면 기존 이슈를 활용하자. 깃허브 이슈 트래커의 검색 기능을 사용해 새로운 리포트를 만들기 전, 유사한 버그 또는 기능 요청이 있는지 확인하자. 또한 이미 해결된 이슈 목록도 확인하고 가능한 경우 기존 버그를 재오픈한다.

기여하기

코드에 익숙한 독자들의 소스 코드에 대한 기여는 언제든 환영한다. 개발자 가이드(https://oreil.ly/Gi9mA)에 개발 환경 설정을 위한 최신 지침들이 있다. 풀^{pull} 요청을 보내기 전에 최신 기여 지침(https://oreil.ly/syVVk)을 검토하자.

참고로, 세 가지 기본 오퍼레이터 프레임워크 구성요소의 저장소는 다음과 같다.

- https://github.com/operator-framework/operator-sdk
- https://github.com/operator-framework/operator-lifecycle-manager
- https://github.com/operator-framework/operator-metering

코딩에 익숙하지 않은 경우에도 프로젝트 문서를 작성하고 수정하면서 기여할 수 있다. 이슈들에 대한 'kind/documentation' 레이블은 오류인지 또는 개선 요청인지 식별한다.

오퍼레이터 공유하기

OperatorHub.io(https://operatorhub.io)는 커뮤니티에서 개발된 오퍼레이터들을 호스팅해주는 사이트다. 이 사이트는 다음을 포함하여 다양한 범주의 오퍼레이터들을 보유하고 있다.

- 데이터베이스
- 머신러닝
- 모니터링
- 네트워킹
- 저장장치
- 보안

커뮤니티에서는 이 사이트에 소개된 오퍼레이터를 위한 자동화 테스트와 수동 검사를 제공한다. 이것들은 OLM에서 설치 및 관리하는 데 필요한 메타데이터 파일과 함께 패키징된다 (자세한 내용은 8장을 참조하라).

커뮤니티 운영자^{Community Operators} 저장소(https://oreil.ly/j0rlN)로 풀^{pull} 요청을 통해 Operator Hub.io에 포함하도록 오퍼레이터를 제출할 수 있다. 패키징 가이드라인을 포함하여 최신 제출 지침은 OperatorHub.io 페이지(https://operatorhub.io/contribute)를 확인하자.

또한 OperatorHub.io는 CSV 파일이 승인되고 사이트에서 호스팅되면 어떻게 나타날지 미리 볼 수 있는 방법도 제공한다. 이것은 올바르게 메타데이터 필드를 입력했는지 확인하기 위한 좋은 방법이다. 오퍼레이터 미리보기^{Operator Preview} 페이지(https://operatorhub.io/preview)에서 자세한 내용을 확인할 수 있다.

Awesome Operators 저장소(https://oreil.ly/OClO4)는 OperatorHub.io에서 호스팅되지 않은 오퍼레이터의 최신 목록을 갖고 있다. 이러한 오퍼레이터들은 OperatorHub.io에서 호스팅되는 것과 같은 방식으로 심사되지는 않았지만, 모두 오픈소스이고 해당 깃허브 저장소가 나열되어 있다.

요약

오퍼레이터 프레임워크는 오픈소스 프로젝트로서 커뮤니티 참여를 격려한다. 메일링 리스트에 참여하는 것부터 버그 수정과 새로운 기능을 위한 코드 제공 등 모든 행위가 도움이 된다. OperatorHub.io에 기여하면, 당신의 오퍼레이터를 홍보하는 데 도움이 되는 동시에 가용한 기능의 생태계를 확장하는 데도 도움이 된다.

클러스터 내부에 디플로이먼트로 오퍼레이터 실행하기

클러스터 외부에서 오퍼레이터를 실행하는 것은 테스트나 디버깅 목적으로는 편리하지만, 실제 상용 환경에서는 오퍼레이터를 쿠버네티스의 디플로이먼트로 실행한다. 이러한 디플로이먼트 형태를 위한 몇 가지 단계가 추가돼야 한다.

1. **이미지 빌드하기:** 오퍼레이터 SDK의 build 명령은 기본 도커^{Docker} 데몬에 연결되어 오퍼레이터 이미지를 생성하고, 실행 시에는 전체 이미지명과 버전을 사용한다.

```
$ operator-sdk build jdob/visitors-operator:0.1
```

2. **디플로이먼트 구성하기:** SDK가 생성하는 이미지의 이름을 사용하도록 deploy/operator.yaml 파일을 수정하자. 업데이트할 필드의 이름은 image이며 아래에서 확인할 수 있다.

```
spec -> template -> spec -> containers
```

자동 생성된 파일의 기본값은 REPLACE_IMAGE이며, 앞의 명령에서 빌드된 이미지명을 반영하도록 수정해야 한다. 일단 빌드가 완료되면, 생성된 이미지를 Quay.

io(https://quay.io) 또는 도커 허브[Docker Hub](https://hub.docker.com)와 같은 액세스 가능한 외부 저장소로 푸시하자.

3. **CRD 배포하기**: SDK는 올바르게 작동하는 스켈레톤 CRD를 생성하지만 이 파일의 수정에 대한 자세한 내용은 부록 B를 참조하자.

```
$ kubectl apply -f deploy/crds/*_crd.yaml
```

4. **서비스 계정 및 역할 배포하기**: SDK는 오퍼레이터에 필요한 서비스 계정과 역할을 생성한다. 오퍼레이터를 작동하는 데 필요한 최소로 역할의 권한을 제한하도록 이를 수정하자.

역할에 대한 권한의 범위를 적절하게 지정한 후, 그 리소스를 클러스터에 배포하자.

```
$ kubectl apply -f deploy/service_account.yaml
$ kubectl apply -f deploy/role.yaml
$ kubectl apply -f deploy/role_binding.yaml
```

 역할 바인딩을 생성하기 전에 역할과 서비스 계정이 미리 만들어져 있어야 하므로, 위 순서로 이 파일들을 배포해야 한다.

5. **오퍼레이터 디플로이먼트 생성하기**: 마지막 단계는 오퍼레이터를 배포하는 것이다. 이전 단계에서 편집한 operator.yaml 파일을 사용해 오퍼레이터 이미지를 클러스터에 배포할 수 있다.

```
$ kubectl apply -f deploy/operator.yaml
```

CR 검증

오퍼레이터 SDK는 새로운 API를 추가할 때 CRD^{custom resource definition}에 대한 스캘레톤을 생성한다. 이 스켈레톤은 수정 없이 사용할 수 있다. 즉, CR을 만들기 위해 더 이상 변경하거나 추가할 필요가 없다.

스켈레톤 CRD는 사용자 입력과 CR 상태를 각각 개방형 객체로 표현하는 spec과 status 섹션을 간단히 정의하고 있으며, 이를 통해 유연성을 확보한다.

```
spec:
  type: object
status:
  type: object
```

이 접근 방식의 단점은 쿠버네티스가 이러한 필드들의 어떤 데이터도 검증할 수 없다는 것이다. 쿠버네티스는 어떤 값의 허용 여부를 알 수 없으므로, 매니페스트에 대한 구문 분석만 통과할 수 있다면 모든 값이 허용된다.

이러한 문제를 해결하기 위해 CRD는 각 필드의 유효성 검사 제약 조건을 설명하는 OpenAPI 스펙(https://oreil.ly/bzRIu)에 대한 지원을 포함하고 있다. CRD가 spec과 status

섹션에 허용되는 값들을 기술하도록 만들기 위해, 해당 CRD에 대한 유효성 검사를 수동으로 추가해야 한다.

이제 CRD의 spec 섹션에 두 가지 중요한 변경을 할 것이다.

- properties 맵을 추가하자. 해당 타입의 CR에 지정할 수 있는 각 속성에 대해, 매개 변수 타입과 허용된 값에 대한 정보를 함께 이 맵에 항목으로 추가한다.
- 선택적으로, 쿠버네티스가 강제해야 하는 속성을 나열하는 required 필드를 추가할 수도 있다. 각 필수 특성의 이름을 이 목록의 항목으로 추가하자. 리소스 생성 과정에서 이러한 속성을 생략하면, 쿠버네티스는 해당 리소스를 거부할 것이다.

spec과 동일한 규칙에 따라 속성 정보로 status 섹션을 작성할 수도 있으나 required 필드를 추가할 필요는 없다.

 두 섹션 모두 기존 라인인 'type: object'가 남아 있다. 이 type 선언과 동일한 수준에 새롭게 추가된 내용을 삽입하자.

CRD의 다음 절에서 spec과 status 필드를 모두 찾을 수 있다.

```
spec -> validation -> openAPIV3Schema -> properties
```

예를 들어, VisitorsApp CRD에 추가된 내용은 다음과 같다.

```
spec:
  type: object
  properties:
    size:
      type: integer
    title:
      type: string
```

```
    required:
    - size
status:
  type: object
  properties:
    backendImage:
      type: string
    frontendImage:
      type: string
```

위의 코드는 OpenAPI 유효성 검사를 사용해 수행할 수 있는 작업의 예다. 쿠버네티스 문서
(https://oreil.ly/FfkJe)에서 CRD 생성에 관한 자세한 정보를 찾을 수 있다.

APPENDIX **C**

역할 기반 접근 제어(RBAC)

오퍼레이터 SDK는 (Helm, Ansible 또는 Go 기반 오퍼레이터 여부와 관계없이) 오퍼레이터 프로젝트를 생성할 때 오퍼레이터 배포를 위한 여러 매니페스트 파일을 만든다. 이러한 파일 중 다수는 배포된 오퍼레이터가 생명주기 동안 다양한 작업을 수행할 수 있도록 권한을 부여한다.

오퍼레이터 SDK는 오퍼레이터 권한과 관련된 세 가지 파일을 생성한다.

deploy/service_account.yaml

쿠버네티스는 사용자 인증 대신, **서비스 계정**^{service accounts}이라는 형태의 프로그래밍 가능한 인증 방식을 제공한다. 서비스 계정은 쿠버네티스 API에 요청 시, 오퍼레이터 파드의 신원으로 동작한다. 이 파일은 단순하게 서비스 계정 자체를 정의하므로 수동 편집이 필요 없다. 서비스 계정에 관한 자세한 내용은 쿠버네티스 문서(https://oreil.ly/8oXS-)를 참조하자.

deploy/role.yaml

이 파일은 서비스 계정에 대한 **역할**^{role}을 만들고 설정한다. 역할은 클러스터 API를 사용할 때 서비스 계정이 갖는 권한을 나타낸다. 오퍼레이터 SDK는 매우 광범위한 권한으로 이 파일을 생성하는데, 오퍼레이터를 상용 환경에 배포하기 전 보안을 위해 이 파일을 편집해야 한다. 다음 절에서는 이 파일의 기본 권한을 수정하는 방법을 설명한다.

deploy/role_binding.yaml

이 파일은 서비스 계정을 역할에 매핑하는 **역할 바인딩**^{role binding}을 만든다. 이 파일은 자동 생성되며 변경할 필요는 없다.

역할에 대한 세부 조정

가장 기본적인 수준에서 역할은 리소스 타입을 사용자 또는 서비스 계정이 해당 타입의 리소스를 취할 수 있는 행동(역할 리소스 용어에서는 '동사^{verbs}'라고 알려져 있음)과 연결한다. 예를 들어, 다음 역할은 디플로이먼트에 대한 보기(만들거나 삭제하지 않음) 권한을 부여한다.

```
- apiGroups: ["apps"]
  resources: ["deployments"]
  verbs: ["get", "list", "watch"]
```

오퍼레이터 SDK는 해당 오퍼레이터가 필요로 하는 클러스터 접근 수준을 알지 못하므로 기본 역할은 다양한 쿠버네티스 리소스 타입들에 대한 모든 작업을 허용한다. SDK가 생성한 오퍼레이터 프로젝트에서 가져온 다음 코드는 이러한 내용을 보여준다. 와일드카드(*)는 주어진 리소스에 대한 모든 동작을 허용한다.

```
...
- apiGroups:
  - ""
  resources:
  - pods
  - services
  - endpoints
  - persistentvolumeclaims
  - events
```

```
    - configmaps
    - secrets
    verbs:
    - '*'
- apiGroups:
  - apps
  resources:
  - deployments
  - daemonsets
  - replicasets
  - statefulsets
  verbs:
  - '*'
...
```

당연히 서비스 계정에 공개적이고 광범위한 권한을 부여하는 것은 나쁜 사용 예로 간주된다. 사용자가 수행해야 하는 구체적인 변경사항은 오퍼레이터의 범위와 행위에 따라 달라진다. 일반적으로 오퍼레이터의 작동에 필요한 최소 권한으로 제약해야 한다.

예를 들어, 다음 역할은 방문자 사이트 오퍼레이터에 필요한 최소한의 기능을 제공한다.

```
...
- apiGroups:
  - ""
  resources:
  - pods
  - services
  - secrets
  verbs:
  - create
  - list
  - get
- apiGroups:
  - apps
  resources:
  - deployments
```

```
  verbs:
  - create
  - get
  - update
...
```

쿠버네티스 역할 설정에 대한 자세한 내용은 이 책에서 다루지 않는다. 이 내용은 쿠버네티스 RBAC 문서(https://oreil.ly/osBC3)에서 찾을 수 있다.

찾아보기

ㄱ

가비지 컬렉션   126
가상 머신   40
골든 시그널   182, 183, 186
구독   137, 150, 172
기본 리소스   118

ㄴ

노드   26

ㄷ

디플로이먼트   79

ㄹ

리소스   61

ㅁ

멱등성   128

ㅂ

복제   26

ㅅ

사용자 지정 리소스   30
사이트 신뢰성 엔지니어   30

ㅅ

상태 객체   115
서비스   79
서비스 계정   45
선형적으로 확장   180
셀프 서비스   181
스케일다운   180
스케일업   180
스켈레톤   101, 152, 156
스펙 객체   114
시크릿   79

ㅇ

역할   46, 66
역 호환   185
오류   183
오토 파일럿   178, 186
오퍼레이터 개념   177
오퍼레이터 성숙도 모델   70
오퍼레이터 운반자   166
와치   92
원하는 배포 상태   149
원하는 상태   54, 150
인그레스   82

ㅈ

자동 배포   181
자동 설치   186
자식 리소스   122

작업 101
재해 복구 56
조정 루프 119
지연 시간 182

ㅊ

차트 93
채널 137, 150, 172

ㅋ

카오스 테스트 186
컨트롤러 26, 61
쿠버네티스 네이티브 68, 181
클러스터 관리자 접근 권한 37
키-값 스토리지 60

ㅌ

트래픽 183
특권 접근 42

ㅍ

파드 26
파이널라이저 127
패키지 매니페스트 파일 152
포화도 183
표준 리소스 185

ㅎ

하이퍼바이저 40

A

Ansible 91
Ansible 플레이북 101
API 추상화 178

automatic installs 186
auto pilot 186

C

channel 137
chart 93
cluster-admin 접근 권한 37
ClusterRole 67
ClusterRoleBinding 67
clusterwide-alpha 146
CNCF(Cloud Native Computing Foundation) 43
ConfigMap 63
controller 26, 61
CR(custom resource) 30
CRD(custom resource definition) 31, 38, 92
CSV 73, 136
CSV 파일 151

D

declarative API 129
dependecies 111

E

etcd 43
etcdctl 53

F

finalizer 127

G

garbage collection 126
generate 명령 116
Go 의존성 파일들 111
Go 프로그래밍 언어 109
golden signal 182

GOPATH 110

H

Helm 91, 93

I

ingress 82
InstallPlan 138

K

kind(Kubernetes in Docker) 41
kubectl 30, 40
kubelet 27

M

marketplace 네임스페이스 168, 169
Minikube 40

N

node 26

O

OLM 번들 151
OpenAPI 스펙 193
OpenShift 35, 41
Operator Courier 166
OperatorGroup 138, 172
Operator Maturity Model 70

P

packagemanifest API 144, 147
packagemanifests 137
playbook 101

pod 26
privileged access 42
properties 맵 194

R

Raft 43
RBAC(Role-Based Access Control) 39, 46, 66
RBAC 리소스 117, 140
Reconcile 함수 119
reconcile loop 119
replica 26
ReplicaSet 61
required 섹션 160
resource 61
Role 67
RoleBinding 66
Rook 34

S

secret 79
Site Reliability Engineer 30
SRE(Site Reliability Engineering) 177
SRE 요소 177
subscription 137

T

task 101

V

VM 40

W

watch 92

쿠버네티스 오퍼레이터

쿠버네티스에서 애플리케이션 추상화를 위한 도구

발 행 | 2021년 1월 4일

지은이 | 제이슨 도비스 · 조슈아 우드
옮긴이 | 이 상 근 · 임 성 일

펴낸이 | 권 성 준
편집장 | 황 영 주
편 집 | 이 지 은
디자인 | 박 주 란

에이콘출판주식회사
서울특별시 양천구 국회대로 287 (목동)
전화 02-2653-7600, 팩스 02-2653-0433
www.acornpub.co.kr / editor@acornpub.co.kr

한국어판 © 에이콘출판주식회사, 2020, Printed in Korea.
ISBN 979-11-6175-478-9
http://www.acornpub.co.kr/book/kubernetes-operators

이 도서의 국립중앙도서관 출판시도서목록(CIP)은 서지정보유통지원시스템 홈페이지(http://seoji.nl.go.kr)와
국가자료공동목록시스템(http://www.nl.go.kr/kolisnet)에서 이용하실 수 있습니다.(CIP제어번호: CIP2020047492)

책값은 뒤표지에 있습니다.